INDIENS TIBET – TIBETS INDIEN

INDIENS TIBET – TIBETS INDIEN

DAS KULTURELLE VERMÄCHTNIS DES WESTHIMALAYA

PETER VAN HAM

VERLAG NEUE ZÜRCHER ZEITUNG

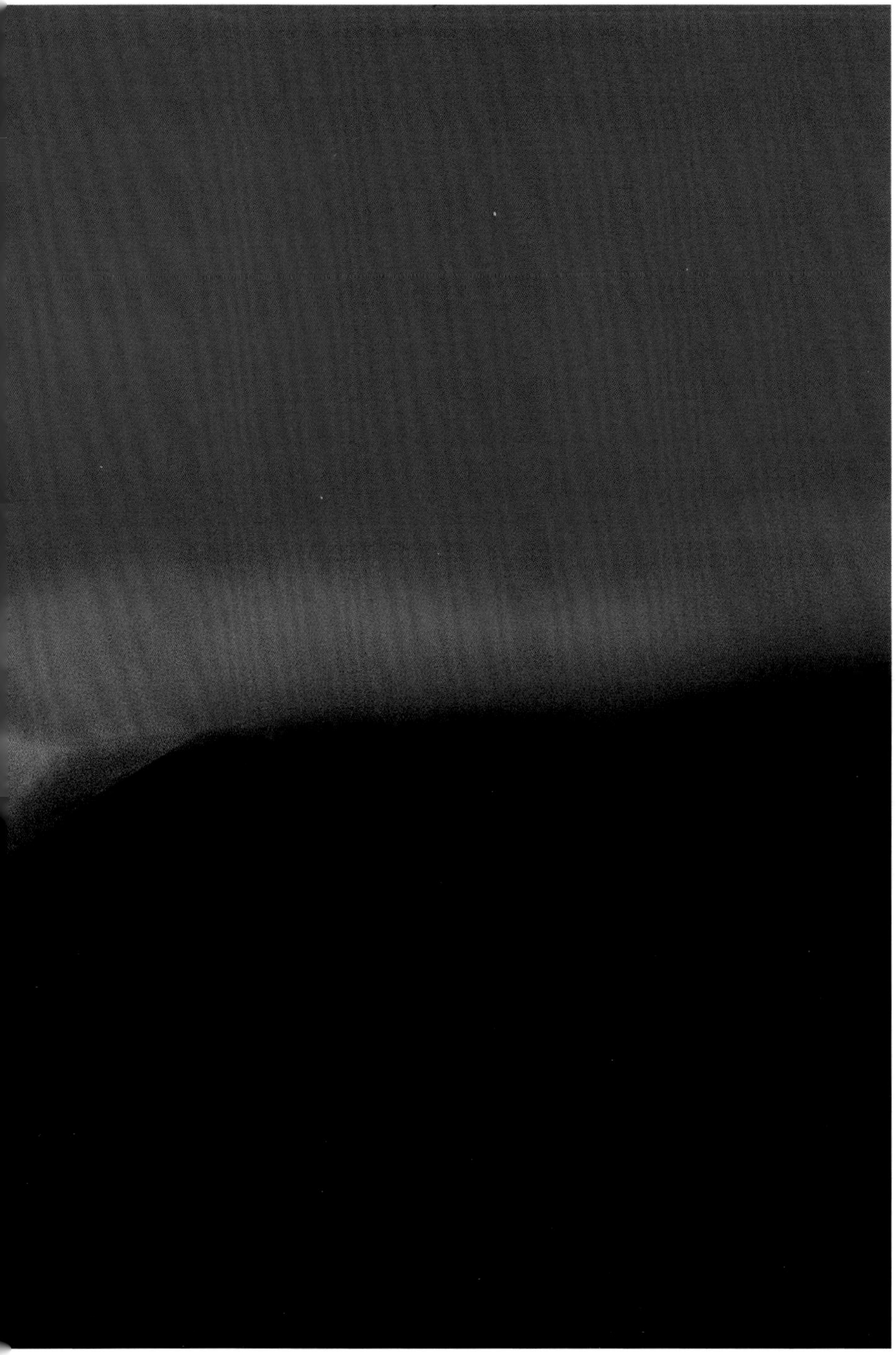

INHALT

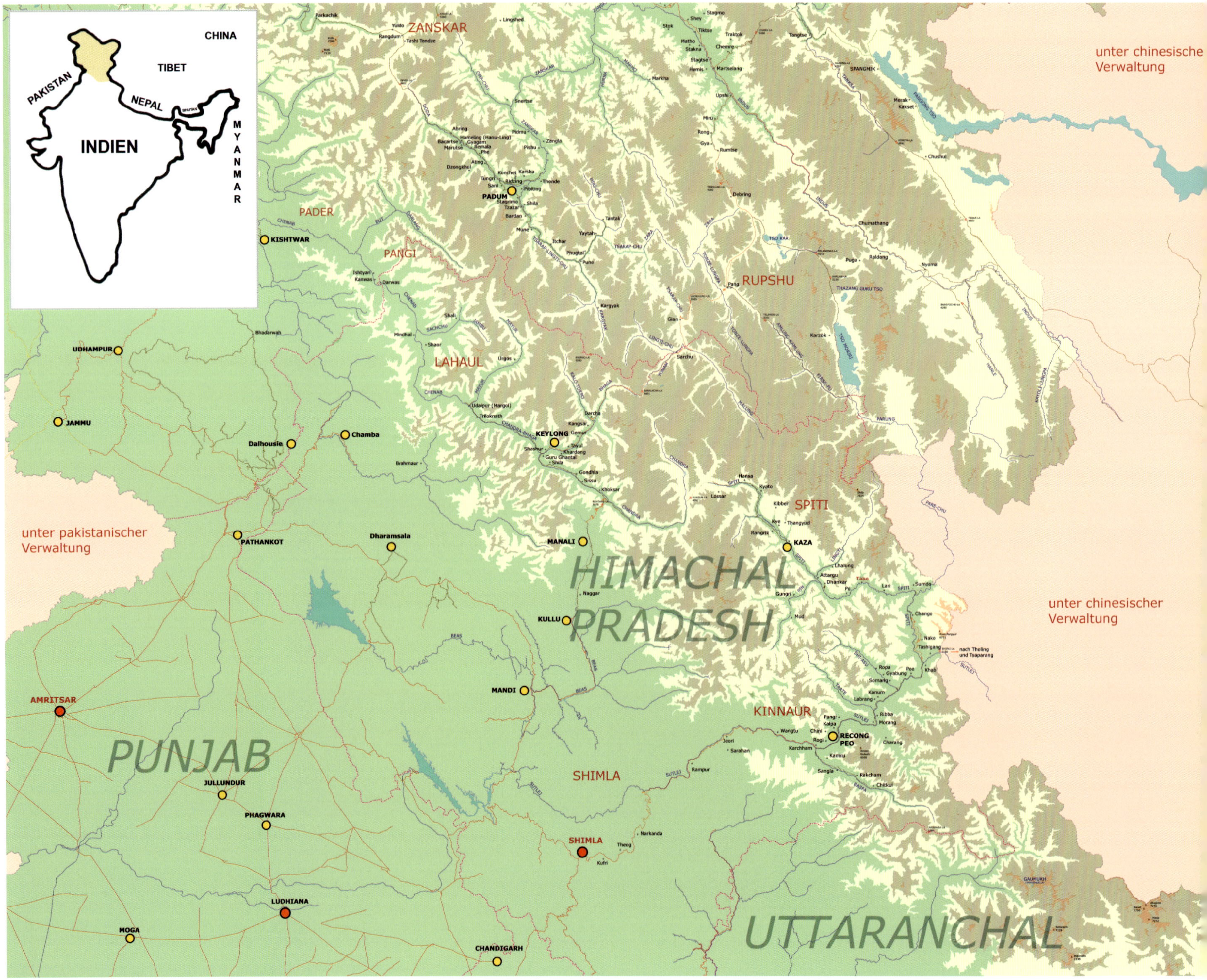

CHINA
TIBET
PAKISTAN
NEPAL
INDIEN
MYANMAR
ZANSKAR
PADER
PANGI
LAHAUL
RUPSHU
SPITI
KINNAUR
SHIMLA
HIMACHAL PRADESH
PUNJAB
UTTARANCHAL
unter chinesische Verwaltung
unter pakistanischer Verwaltung
unter chinesischer Verwaltung
PADUM
KISHTWAR
UDHAMPUR
JAMMU
Dalhousie
Chamba
KEYLONG
PATHANKOT
Dharamsala
MANALI
KAZA
KULLU
MANDI
AMRITSAR
RECONG PEO
JULLUNDUR
PHAGWARA
SHIMLA
LUDHIANA
MOGA
CHANDIGARH

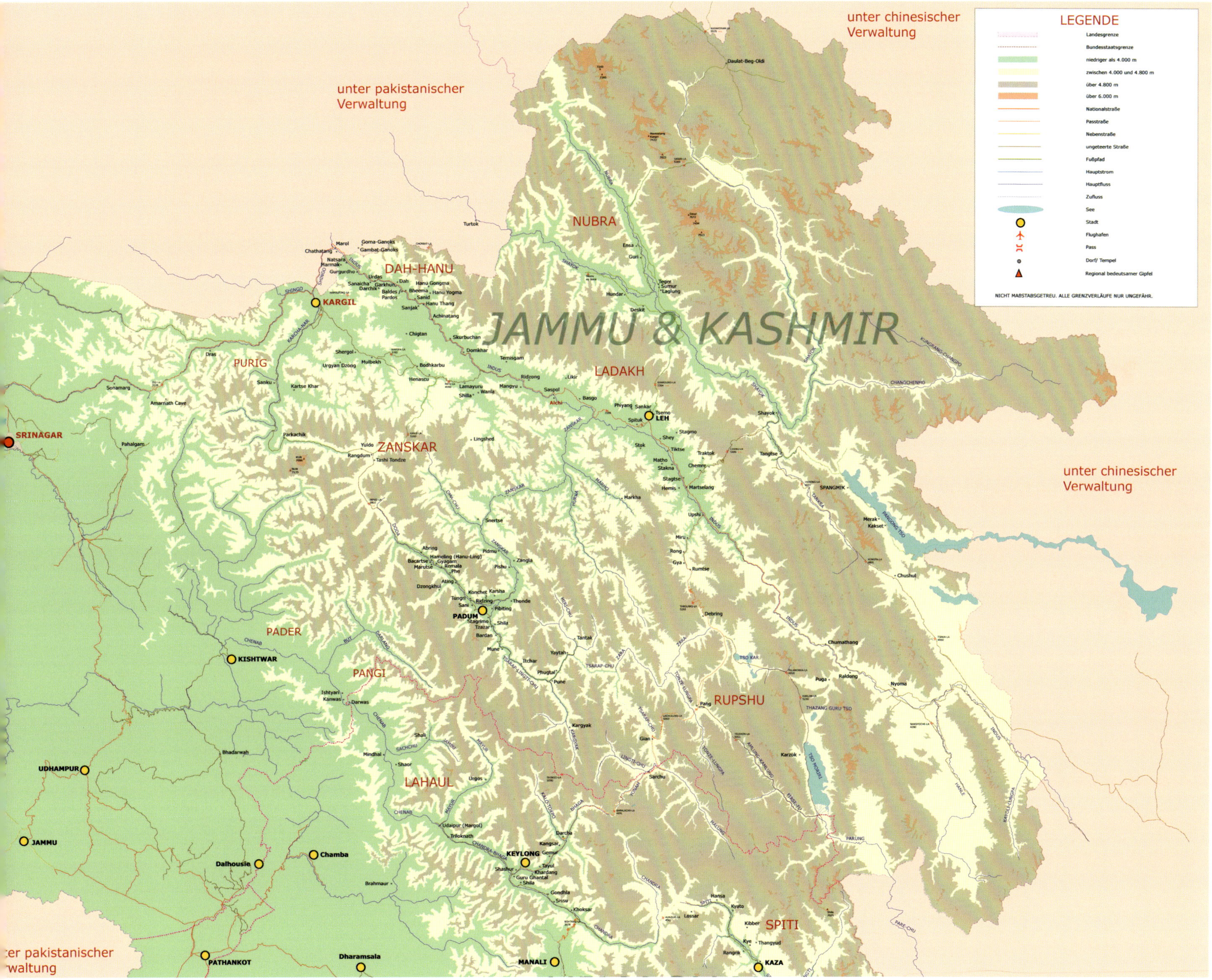
JAMMU & KASHMIR
LEGENDE
Landesgrenze
Bundesstaatsgrenze
niedriger als 4.000 m
zwischen 4.000 und 4.800 m
über 4.800 m
über 6.000 m
Nationalstraße
Passstraße
Nebenstraße
ungeteerte Straße
Fußpfad
Hauptstrom
Hauptfluss
Zufluss
See
Stadt
Flughafen
Pass
Dorf/ Tempel
Regional bedeutsamer Gipfel
NICHT MAßSTABSGETREU. ALLE GRENZVERLÄUFE NUR UNGEFÄHR.
unter chinesischer Verwaltung
unter pakistanischer Verwaltung
unter chinesischer Verwaltung
NUBRA
DAH-HANU
PURIG
LADAKH
ZANSKAR
PADER
PANGI
LAHAUL
RUPSHU
SPITI
KARGIL
LEH
SRINAGAR
PADUM
KISHTWAR
UDHAMPUR
JAMMU
Dalhousie
Chamba
KEYLONG
PATHANKOT
Dharamsala
MANALI
KAZA
Daulat-Beg-Oldi
Turtok
Hundar
Deskit
Skurbuchan
Domkhar
Lamayuru
Basgo
Spituk
Shey
Tikse
Hemis
Lingshed
Rangdum
Sonamarg
Amarnath Cave
Pahalgam
Dras
Sanku
Kartse Khar
Mulbekh
Bhadarwah
Sarchu
Pang
Karzok
Chumathang
Nyoma
Chushul
Spangmik
Tangtse
Shayok
Darcha
Kibber
Udaipur (Margol)
Trilloknath
INDUS
ZANSKAR
CHENAB
SHYOK
CHANDRA
SPITI
TSO MORIRI
PANGONG TSO
TSO KAR

THE DALAI LAMA

MESSAGE

We Tibetans owe a great debt to India. Longstanding spiritual and cultural links exist between our two countries. For the first thousand years of our history, Tibet was a powerful political and military force in Central Asia. With the introduction of Buddhism from India the focus changed. Tremendous efforts were made instead to translate Sanskrit Buddhist scriptures into Tibetan to create the great literary legacy that has come down to us today. Monasteries and temples were established as centres of education and spiritual practice, which also became repositories of art and culture. Many people in Tibet became more interested in training their minds in the altruistic pursuit of enlightenment, than in gaining political and military influence over neighbouring territories.

A thousand years ago, the Western Himalayan region was the focus of a golden epoch of Indo-Tibetan collaboration in propagating Buddhist culture. Two key figures of this period were the great translator and scholar Rinchen Zangpo and his patron Lha Lama Yeshe Öd, King of Gu-ge, Western Tibet. In addition to translating a great number of Indian texts, many of which continue to be widely read today, Rinchen Zangpo established many temples and monasteries in the region and recruited artists and craftsmen from Buddhist Kashmir to decorate them.

A few of these monasteries survive within the boundaries of modern India at Alchi, Tabo, Lhalung, Drag Khar (Dhankar), Nako and Poo. Among them, the most significant is Tabo, with its exquisite paintings and stucco images. These works of art delightfully express the vigour of the transmission of Buddhism from India to Tibet and the dynamic mingling of cultures. Even after so many centuries, they retain a freshness that is a joy to see. Within Tibet itself, Tholing Monastery proved a refuge for numerous scholars and translators. It was here that Atisha met Rinchen Zangpo and also where he wrote his seminal text, *Lamp of the Path*, which has remained an inspiration for generations up to the present day. The monastery, said to have been modelled after Samye in Central Tibet, was also renowned for the quality of the murals that cover its walls.

The survival of monasteries dating from this era assumes a special importance in the light of the destruction that has taken place in Tibet. They remain a direct link to the wonderful civilisation that arose and flourished a thousand years ago in this remote region of the Himalayas. This exhibition, and the book that accompanies it, is the product of many years' study and research by many dedicated people. It casts light on a culture which had the cultivation of wisdom and a compassionate heart at its core. Even a thousand years later, I am confident that greater appreciation of such qualities contributes to creating a happier and more peaceful world.

July 17, 2009

VIELFALT IN GEFAHR

Keine andere Region auf dem Planeten hat eine derartig große Vielfalt an Kulturen hervorgebracht wie der Westhimalaya. Auf brillante Weise präsentiert uns Peter van Hams Buch *Indiens Tibet – Tibets Indien* diese erstaunliche kulturelle Mannigfaltigkeit, die das Ergebnis der Wechselbeziehungen all der verschiedenen sprachlichen, kulturellen und religiösen Traditionen ist, die sich hier über Jahrtausende entwickelt haben.

Der Westhimalaya ist *der* Ort, an dem die Begegnung zwischen Ost und West tatsächlich stattfand und nach wie vor stattfindet. Hier überlappen die indo-europäischen Sprachen mit den tibeto-burmesischen und treffen auf turko-mongolische Dialekte. Diese drei vollkommen voneinander verschiedenen Sprachfamilien vermischen sich hier miteinander. Gleichermaßen finden sich hier Repräsentanten aller ethnischen Hauptgruppen des Orients wie des Okzidents – langnasige Indo-Arier-Kinder mit hellen Augen und Haaren spielen nur einen Steinwurf entfernt von mongolischen Menschen. Die kulturelle Vielfalt wird durch die hunderte Mikroklimata in den verschiedenen Tälern noch verstärkt. Viele sind trockene Wüsten mit einer Vegetation, die der sibirischen Tundra ähnelt. Andere, nur wenige Kilometer entfernt, sind subtropisch, während dazwischen wiederum gemäßigte Regionen liegen, deren Vegetation mediterrane Züge trägt. Heutzutage sind wir uns darüber bewusst, welchen Einfluss das Ökosystem auf die lokalen Gebräuche ausübt, so dass es nicht weiter verwundert, dass man im Himalaya mit solch vielen Volksgruppen und deren kultureller Vielfalt konfrontiert wird. Diese ist wiederum geprägt von der Begegnung von Hinduismus und Buddhismus und ihrer Verschmelzung auf der Grundlage einer uralten, jedoch immer noch aktiven Verehrung von Mutter- und Fruchtbarkeitsgöttinnen aus neolithischer Zeit.

Die lange Unzugänglichkeit dieser Bergregionen – sowohl aus technischen wie politischen Gründen – hat es den Bevölkerungen des indischen Himalaya ermöglicht, sich ihre spezifischen Charakteristika länger zu erhalten als in den meisten Gebieten der Welt. Die Aufrechterhaltung dieser Identitäten geht uns alle an. Aus territorialpolitischen Gründen drängt Indien darauf, die kulturell tibetischen Länder von ihrem Herkunftsgebiet abzunabeln. Es ist zu befürchten, dass groß angelegte Migrationen aus den Tiefländern dieses überbevölkerten Subkontinents zum Identitätsverlust der lokalen Volksgruppen führen könnten. Daher ist es zwischenzeitlich besonders wichtig, dass die Region mit all ihren natürlichen wie kulturellen Eigenheiten besser bekannt wird, so dass man ihr in ihrer Erhaltung mehr beistehen kann. Dieses Buch mit seinen klaren Beschreibungen und erstaunlichen Fotografien leistet hierzu einen wichtigen Beitrag und hilft, die einzigartige Originalität des Westhimalaya besser zu verstehen.

Michel Peissel
Paris, im November 2008

Auf den ersten Blick scheint Leben in den kargen Hochwüsten des Westhimalaya unmöglich zu sein. Doch über die Jahrhunderte haben hier höchst widerstandsfähige Menschen, die auf der Flucht vor der Verfolgung durch umliegende Volksgruppen das Gebirge zu ihrem Refugium machten, vielfältige und einzigartige Kulturen entwickelt.

Oben: *Reich geschmücktes Minaro-Mädchen aus Bheema in Dah-Hanu.*

Bourne 14

EINFÜHRUNG UND DANK

Kinnaur, Spiti, Zanskar ... Allzu gut erinnere ich mich, wie lange diese faszinierenden Namen Sehnsucht in meinem Herzen erzeugten. Sehnsucht nach Ländern, die, verhältnismäßig unberührt von westlichen Einflüssen, ihre traditionelle Kultur, die über Jahrhunderte gleichermaßen mit Tibet wie mit Indien verbunden gewesen war, erhalten haben sollten. Jene Regionen galten als die letzten Bollwerke *wahrer* tibetischer Kultur. An ihnen sollten die grausamen Zerstörungen, die in Tibet selbst gewütet hatten, vorübergegangen sein. Tausend Jahre alte Klöster sollten sich hier eine Frische in ihren Konzepten und ihrer Kunst erhalten haben, wie nirgendwo sonst im tibetischen Kulturraum. Und erst die Landschaften: »Eine Welt im Innern einer Welt ... Sicherlich leben hier die Götter, dies ist kein Ort für Menschen!« wie es die Hauptperson in Rudyard Kiplings Roman *Kim* (1901) ausdrückte.

In den 1980er-Jahren begann ich, jede existierende Seite, die über diese »Himalayischen Wunderländer« geschrieben worden war, zu verschlingen. Bücher wie Thomas Thomsons *Western Himalayas and Tibet* (1852), August Hermann Franckes *Antiquities of Indian Tibet* (1914), Giuseppe Tuccis *Indo-Tibetica* (1933) oder David L. Snellgroves *Buddhist Himalaya* (1957) wurden zu meinen Traumbegleitern in jenen Zeiten der Unzugänglichkeit dieser Länder. Zwar waren Mitte der 1970er-Jahre Ladakh und Zanskar für Reisende geöffnet worden, doch erst 1993 wurde es für Ausländer möglich, die letzten größeren, vormals gesperrten Gebiete des indischen Westhimalaya zu bereisen: Kinnaur und Spiti. Zu lange hatte das militärische Tauziehen zwischen Indien und China um ihre Grenzen gewütet – und es ist der indischen Militärdefensive zu verdanken, dass diese Gebiete dem Schicksal des restlichen Tibets entgingen – dem Sturm der wütenden Rotgardisten der chinesischen Kulturrevolution, der mehr als 6000 Klöster ausradiert und 1,2 Millionen Menschen das Leben gekostet hatte. Dieser Terror hatte sogar den äußersten Westen Tibets erreicht, wo die einzigen mit den Kulturstätten des nördlichen Kinnaur, Spiti und Ladakh vergleichbaren Tempel – jene des oberen Sutlejtals – ebenfalls die Wucht engstirniger kommunistischer Ideologie zu erleiden hatten.

Keine meiner Erwartungen wurde enttäuscht, als ich nach einem kurzen Besuch in Lahaul 1987 dann im Sommer 1993 erst die feuchte Erde des südlichen Kinnaur und danach die grandiose Ödnis Spitis betrat – zwei Wochen nach der offiziellen Öffnung dieser Gebiete, die zuvor fast 50 Jahre lang verschlossen gewesen waren. Ich empfand alles als nahezu so erhalten, wie der Herrnhuter Missionar und Archäologe August Hermann Francke es 1909 erstmalig beschrieben hatte – nur wenig hatte sich verändert, zumindest nicht in der traditionsverbundenen Mentalität der lokalen Bevölkerung. Zugegeben, da gab es die ersten vereinzelten Satellitenempfänger auf den Dächern der

Viele der Kulturstätten des Westhimalaya haben sich nahezu unverändert erhalten. Lediglich die Anfahrtswege sind modernisiert worden, so dass man zum Beispiel Dhankar, die ehemalige Hauptstadt der Region Spiti, nun mit geländegängigen Fahrzeugen erreichen kann.

Gegenüber: *»Das malerische Dorf Dhankar, Spiti«. Foto: S. Bourne 1866. Sammlung Siegert.*

Oben: *Geländewagen vor der abendlichen Kulisse Dhankars, im ersten Sommer nach der Öffnung der Region 1993.*

Häuser der reichsten Spiti-pa, wie die Bewohner Spitis genannt werden, und die meisten Orte waren ans Stromnetz angeschlossen, zumindest für eine Stunde am Tag. Doch dies war nur folgerichtig aufgrund der Entwicklungspolitik des »Großen Bruders« Indien. Was für mich viel mehr zählte war der Umstand, dass diese Länder mit etwas aufwarten konnten, das aufgrund der chinesischen Zerstörungen einmalig in der tibetischen Welt geworden war – ein gelebtes traditionelles Erbe, in dem mehr als tausend Jahre alte religiöse Konzepte, Rituale und Glaubensformen lebendig waren, eingebettet in Kulturstätten von mindestens demselben Alter. Das Reisen in den Westhimalaya war für mich wie eine Reise ins Mittelalter, in vielerlei Hinsicht sogar noch weiter zurück.

Ich setzte meine Studien in den indo-tibetischen Grenzregionen unter verschiedenen Aspekten bis 1998 fort. 1994 und 1995 schätzte ich mich glücklich, vom bedeutenden indischen Archäologen Dr. Om Chand Handa eingeladen zu werden, ihn auf seinen Forschungsreisen zur Kunst und Architektur der ältesten Kulturstätten von Kinnaur und Spiti zu begleiten. Hieraus resultierte eine detaillierte Bestandsaufnahme der Tempelstätten von Tabo, Lhalung, Dhankar, Nako und Poo. 1997 kehrte ich zum zweiten Mal für eine fortlaufende Untersuchung des Gebietes zwischen Shimla und Leh in Ladakh in den Westhimalaya zurück, was Aufenthalte in den inzwischen zugänglich gewordenen Gebieten von Nyoma/Rupshu mit seinen fantastischen Hochgebirgsseen sowie in dem Nubra-Tal nördlich der Ladakh-Kette beinhaltete. 1998 beriet ich ein deutsches Fernsehteam für eine Dokumentation über Kinnaur und Spiti mit Schwerpunkt auf Leben und Werk des Großen Übersetzers Lotsava Rinchen Zangpo. Diese Forschungsreisen waren durch die Unterstützung Seiner Heiligkeit, des Dalai Lama, gesegnet, dessen leibhaftige Präsenz ich dreimal die Ehre hatte, in persönlichen Audienzen zu erleben. Zudem unterstützte die UNESCO meine Unternehmungen wie auch der Ehrenwerte Lochen Tulku, 19. Reinkarnation von Lotsava Rinchen Zangpo.

Nach diesen sieben Expeditionen verlagerte ich meinen Forschungsschwerpunkt auf den Nordosten Indiens mit seinen von vielfältigen Kulturen bewohnten sieben Bundesstaaten. Ungeachtet des Einsetzens eines zunehmenden Touristenstroms in die Grenzregionen von Himachal Pradesh und Jammu and Kashmir, nahm mein Interesse am Westhimalaya jedoch nie wirklich ab, und ich blieb fortlaufend neugierig auf Informationen und neue Forschungsergebnisse von dort. Nun, zehn Jahre nach meinem letzten persönlichen Vordringen in »Buddhas Bergwüste«, bin ich aus Anlass des vorliegenden Buches und der mit ihm einhergehenden Ausstellung nach Nordwest-Indien zurückgekehrt – dieses Mal nach Ladakh, Zanskar und in die Region von Dah-Hanu. Neben einem erneuten Erschließen einer Fülle von Informationen war die Rückkehr dorthin für mich insbesondere ein emotional bewegendes Erlebnis, brachte es mir doch in Erinnerung, wie sehr der Westhimalaya mein Leben bereichert, beeinflusst und ihm eine vollkommen neue Bedeutung und Richtung gegeben hatte.

In mir reifte der Wunsch, ein Buch herauszugeben, das einen umfassenden, intensiven Überblick über Geschichte und Gegenwart sowie Ähnlichkeiten und Unterschiede der vielfältigen Kulturen des Westhimalayas gewährt. Die Möglichkeit, dies zu realisieren, kam, als ich zusammen mit dem Historischen und Völkerkundemuseum St. Gallen, dem Heinrich-Harrer-Museum in Hüttenberg und dem Kern Institut der Universität Leiden die Idee einer Ausstellung zum Westhimalaya entwickelte. Ich erhielt Zugang zu den wunderbaren Fotografien, die Babu Pindi Lal 1909 auf der Francke-Expedition aufgenommen hatte und die konstante Begleiter auf all meinen Reisen gewesen waren. Ich wurde in die Lage versetzt, mit den 1866 von Samuel Bourne aufgenommenen Meisterwerken aus der Sammlung Siegert zu arbeiten und durfte jene Aufnahmen verwenden, die Heinrich Harrer Mitte der 1970er-Jahre, kurz nachdem Ladakh wieder für Touristen geöffnet worden war, angefertigt hatte. Kurz: Ich bekam die Gelegenheit, erstmalig eine über die letzten 150 Jahre hinweg reichende visuelle Repräsentation des Westhimalayas zu schaffen.

Gleichzeitig entstand die Möglichkeit, Fotografien von bedeutendem kulturgeschichtlichem und ästhetischem Wert, die zum Teil nur ein einziges Mal, und dies vor langer Zeit, publiziert worden waren, erstmals in guter Qualität und in Gegenüberstellung zu gegenwärtigen Ansichten zu zeigen. In diesem Zusammenhang möchte ich mich bei Gerda Theuns de Boer und den Freunden des Kern Instituts an der Universität Leiden, dem Münchner Sammler Dietmar Siegert sowie Rudolf Schratter und Carina Harrer vom Heinrich-Harrer-Museum, Hüttenberg, ganz herzlich bedanken.

Glücklicherweise gibt es noch einige wenige weitere Spezialisten, deren Fotoarchive Schätze enthalten, die ich auf meinen sieben Expeditionen nicht bergen konnte. Einer von ihnen ist der renommierte Kunsthistoriker Michael Henss aus Zürich, dem detaillierte und künstlerische fotografische Dokumentationen vieler der ältesten Tempel Ladakhs gelangen, als dies noch möglich war. Eine Auswahl seiner außergewöhnlichen Bilder ist im vorliegenden Buch zum ersten Mal zu sehen. Ich bin sehr dankbar für sein Engagement in diesem Projekt, auch in Bezug auf die kritische Durchsicht und Ergänzung meiner Ausführungen zur Kunst des Westhimalaya.

Der Wunsch, das bestmögliche Zeugnis über die Menschen des Westhimalaya, ihre Umwelt und ihre kulturellen Bestrebungen abzugeben, war Grundlage der Auswahl an Bildern und Themen, die dieser Band beinhalten sollte. Gleichzeitig habe ich versucht, auch weniger bekannte kulturelle Aspekte vorzustellen oder, falls ein Aspekt bereits relativ bekannt ist, ihn auf neue Weise zu präsentieren – etwa durch Fotografien, die oftmals in sich selbst bereits Kunstwerke sind und Blickwinkel offenbaren, die sich von vorhergehenden Aufnahmen unterscheiden. In diesem Zusammenhang ist besonders auf die in diesem Buch erstmalig angestrebte, umfassende Dokumentation der erst jüngst geöffneten Region Dah-Hanu mit ihrer faszinierenden indo-arischen Bevölkerung hinzuweisen. Aufgrund der brisanten politischen Lage dort war dies nur durch den

Oben und gegenüber oben: *Seit dem 8. Jahrhundert n. Chr. besteht das Klosterwesen im Westhimalaya mit unterschiedlichen Gruppierungen: Kagyü-pa-Mönche blasen auf langen Tuben zum morgendlichen Gebet des Klosters Lamayuru in Ladakh (Foto: R. Angst 1939, Sammlung van Ham) und Gelug-pa-Mönche in Tabo (Spiti).*

Gegenüber unten: *Polaroid vom Aufenthalt Heinrich Harrers in Zanskar 1976. Es wurde mir 2008 vom König von Zangla, Nima Norbu Namgyal De, gezeigt, der auf dem Foto noch Prinz war.*

großzügigen Beitrag des indischen Ethnologen Rohit Vohra möglich, der bereits von 1979 an unter diesen Menschen gearbeitet hat. Ihm gilt hierfür mein herzlicher Dank.

Wenn ich zurückdenke an alles, was ich zum Himalaya gelesen habe, hat mich sicherlich nichts so bewegt wie die Bücher des französischen Anthropologen und Forschers Michel Peissel. Sein Buch über das nepalische Königreich Mustang von 1968 ist sicherlich *das* Buch, das mir den Himalaya nahegebracht hat. Es war stets der umfassende und ganzheitliche Schreibstil Peissels, den ich bewundert habe und der für mich am nächsten an das heranreicht, was man als Ausdruck einer ultimativen Erfahrung eines Aufenthaltes im Himalaya bezeichnen kann. Nun ein Vorwort von diesem großartigen Menschen zu erhalten, den ich als einen der letzten großen Forscher unserer Tage in einem Atemzug mit Christoph von Fürer-Haimendorf, Heinrich Harrer oder David L. Snellgrove nennen würde, empfinde ich als Auszeichnung meiner bescheidenen Bestrebungen. Meinen herzlichsten Dank hierfür.

Ohne die Hilfe einer großen Anzahl von Freunden und Unterstützern wäre dieses Buch nicht möglich gewesen. Stets hingabevoll hielten mein alter Freund Mohit Sharma und seine Familie zusammen mit ihrem herausragenden Team von Great Himalayan Travels in Shimla mit dem verstorbenen Pema Dorje, mit Pardeshi, Bhablu, Lekraj und Kiran meine Reiserouten frei von allen Hindernissen und Gefahren. Für Ladakh kann ich mir keine bessere Reiseagentur vorstellen als Great Global Expedition mit ihrem Leiter Tsering Angchuk, dessen fantastischen Service ich von ganzem Herzen empfehle. Ihm und Tashi Samphel Kangchen möchte ich für die Freundschaft, Unterstützung und exzellente Behandlung während unserer Reise danken.

Meinem väterlichen Freund, dem großen Archäologen Dr. Om Chand Handa, bin ich stets dankbar verbunden für seine Unterstützung und Fürsorge.

Den religiösen Führern in den Regionen dieser Abhandlung bin ich zu großem Dank verpflichtet: an erster Stelle Seiner Heiligkeit dem Dalai Lama, der mein Streben nach Wahrheit stets von ganzem Herzen unterstützt hat; Seiner Eminenz, dem Ehrwürdigen Lochen Tulku in Kye; dem Verehrungswürdigen Geshe Sonam Wangdui in Tabo, Sonam Wangchuk, dem Karsha Lönpo und seinem Sohn Lobzang, Lama Nödup aus Tungri, dem Abt des Klosters Bardan, Khentul Rinpoche in Dhankar, Geshe Sonam Angrup in Lossar sowie den Mönchen von Tabo, Lhalung, Kye, Kanum und Bardan. Ein herzliches Dankeschön auch an die vielen weltlichen Freunde und Unterstützer meiner Arbeit: an Gyalses Nima Norbu Namgyal De, den Ehrwürdigen König von Zangla, seine Frau Tsering Chökit Wangmo und seinen Sohn Jigmet Dawa Stambey Nima Chogla; an Amchi Tsering Tashi Labu in Hansa; an O. P. Negi Dewa und seinen Vater, den Ehrwürdigen Lama von Poo; an Ashwani Kapur, Tourismus- und Luftfahrtdirektor in Shimla; an Ranjeet Singh Negi und seine Familie in Nako.

Für ihre Reisebegleitung möchte ich danken: Sidonia Kolster, Tina Radke-Gerlach, Josef Wörmann, Volker Weber, Aglaja Stirn, Om Chand Handa und Andreas Brix. Mei-

Gegenüber: *Auf eindrucksvolle Weise ist es Heinrich Harrer 1976 gelungen, die Gewaltigkeit der himalayischen Bergriesen gegenüber dem winzig anmutenden Kloster Lamayuru festzuhalten.*

Oben: *Schelmisch beäugt ein kleines Minaro-Mädchen ihre Mutter, die sich für einen der ersten ausländischen Besucher in ihrem Tal (1979), den Ethnologen Rohit Vohra, in Schale geworfen hat.*

Zwei der großartigen Fotografien von Michael Henss der um das Jahr 1200 entstandenen Malereien im Sumtsek-Tempel von Alchi in Ladakh (1984):

Gegenüber: *Palast des historischen Buddha Shakyamuni bzw. des Buddha Vairochana in Lehrgeste auf dem Löwenthron, umgeben von verehrenden Gottheiten und Mönchen, die um Unterweisung bitten (Rückwand, erstes Obergeschoss).*

Oben: *Frauengestalt, in Verehrung einen Lotos darreichend (linke untere Ecke des Tara-Bildnisses, rechte Wand, erstes Obergeschoss).*

nen Eltern danke ich für die oftmalige und unterschiedlichste Unterstützung meiner verschiedenen Vorhaben über einen Zeitraum von 20 Jahren. Michael Beck, Gayle Dunlap, Hans Först, Günter Gessinger, Michael Henss, Anne D'Heygers, Sidonia Kolster, Christian Luczanits, Guido Mangold, Helmut Neumann, Jaroslav Poncar, Rohit Vohra, Volker Weber und Hans Weihreter bin ich dankbar für ihre großartigen Fotografien. In diesem Zusammenhang geht Dank auch an Deborah Klimburg-Salter, Verena Widorn und Verena Ziegler des Westhimalaya-Archivs an der Universität Wien. Alfonso van Hoofs einzigartige, selbstlos zur Verfügung gestellte Landkarten waren ein höchst willkommener, dankenswerter Beitrag auf höchstem Niveau. Einen herzlichen Dank hierfür.

Für die Möglichkeit, eine Ausstellung über das Sujet meines Interesses in ihren Räumlichkeiten zu kuratieren, möchte ich von ganzem Herzen danken: Daniel und Isabella Studer vom Historischen und Völkerkundemuseum in St. Gallen, Doris Kurella und Susanne Faller vom Linden-Museum in Stuttgart, Rudolf Schratter vom Heinrich-Harrer-Museum in Hüttenberg, Stephan Augustin vom Völkerkundemuseum in Herrnhut und all ihren Mitarbeitern. Weiterer Dank gebührt den leihgebenden Institutionen und deren Mitarbeitern für ihre große Unterstützung des Ausstellungsprojektes: dem Museum Rietberg in Zürich – Alexandra von Przychowski, Albert Lutz und dem Kuratorium; dem Völkerkundemuseum der Universität Zürich – Philippe Dallais und Mareile Flitsch; dem Museum der Kulturen in Basel – Stephanie Lovasz und dem Kuratorium; dem British Museum in London – Michael Willis und Robert Owen; und schließlich Marlies Kornfeld sowie ganz besonders Ronald Gerns für seine überaus großzügige Unterstützung des Gesamtprojekts.

Meiner geliebten Sidonia in tiefer Dankbarkeit.

Peter van Ham
Frankfurt am Main, im Frühjahr 2009

Bourne 1468

EINFLÜSSE, AUSTAUSCH UND WECHSELBEZIEHUNGEN IM WESTHIMALAYA

Etwas ist verborgen. Geh' – entdecke es.
Geh' und sieh nach, was hinter dem Gebirge ist.
Etwas ist hinter den Ketten des Gebirges verlorengegangen.
Es ist verlorengegangen und wartet dort auf Dich. Geh'!
(Rudyard Kipling, *The Explorer*)

Als der Herrnhuter Missionar und Archäologe August Herrmann Francke 1914 in einem zweibändigen Werk die Ergebnisse seiner Expedition durch den westlichen Himalaya aus dem Jahre 1909 veröffentlichte, nannte er sein Buch *Altertümer in Indiens Tibet.* Seine Forschungen ergaben einen überwältigenden Nachweis von indischen Einflüssen auf die frühe buddhistische Kultur des Westhimalaya (2. bis 13. Jahrhundert n.Chr., besonders ab dem 8. Jahrhundert). Diese Ergebnisse sind umso bedeutsamer, als sie zugleich Zeugnis ablegen von der Kultur des späten indischen Buddhismus, der, in seiner Heimat Indien ab dem 12. Jahrhundert durch muslimische Invasoren zunehmend bedroht und schließlich ganz ausgelöscht, als Katalysator für die kulturellen Entwicklungen zunächst in den indo-tibetischen Grenzregionen und später dann auch im tibetischen Kernland fungierte. Diese Periode des spätindischen/frühtibetischen Buddhismus mit seinen vielen ineinander verwobenen Wechselbeziehungen ist eine der interessantesten Epochen in der Geschichte des tibetischen Kulturraums – nicht nur, weil sich aus dieser Vernetzung einige der schönsten Stile buddhistischer Kunst entwickelt haben, die an einigen wenigen religiösen Stätten der Region immer noch bewundert werden können, sondern vielmehr, weil dies eine Zeit vielfältiger und großartiger kreativer Aktivitäten war, eine Zeit des Aufbaus, des Austausches und des Ringens um Wahrheit. Tibetische Gelehrte, gefördert von großzügigen, ganz der Religion zugewandten tibetischen Gönnern, gingen nach Indien, um in die Lehren des indischen Buddhismus eingeführt zu werden, diese zu verinnerlichen und sie dann in Tibet zu verbreiten. Indische Weise und Heilige kamen nach Tibet, um die Menschen dort zu unterweisen. Indische Texte wurden ins Tibetische übersetzt und so vor der Zerstörung bewahrt, kurz bevor sie in Indien selbst verlorengingen. Tibetische Mäzene luden indische Künstler ein, nach indischen Konzepten angelegte tibetische Tempel mit indischer Kunst auszugestalten.

Auf den Karawanenwegen im Westhimalaya wurden nicht nur Waren gehandelt, auch religiöse Ideen und Kulturen verbreiteten sich entlang ihrer Routen, die meist über Pässe von mehr als 5000 Meter Höhe führten.

Gegenüber: *Träger überwinden den 5670 Meter hohen Manirung-Pass nach Spiti. Foto: S. Bourne 1866. Sammlung Siegert.*

Oben: *Kaschmirisch-indische Darstellung eines Bodhisattva auf einem vermutlich westtibetischen Lehmvotivtäfelchen (Tsatsa) des 11. Jahrhunderts. Historisches und Völkerkundemuseum St. Gallen (B 3020a).*

Dem Reisenden im Westhimalaya erschließen sich diese vielfältigen Wechselbeziehungen nicht nur durch die in der Region erhalten gebliebenen Kulturstätten dieser Periode, sondern auch allein durch die geografischen Gegebenheiten. Was einstmals Teil eines westtibetischen Königreiches war (wie Ladakh) oder ein tibetischer Vasallenstaat (wie Spiti), ist heute ein Distrikt der indischen Bundesstaaten Jammu and Kashmir oder Himachal Pradesh. Gleichzeitig sind die indo-tibetischen Grenzregionen ein Schmelztiegel unterschiedlicher ethnischer Gruppen: Nicht nur tibetische Volksgruppen besiedeln das Gebiet, sondern auch indische Völker. Die Kinnauri und die Minaro von Dah-Hanu sind nur zwei Beispiele unter vielen in diesem Zusammenhang. Trotz ihrer indo-europäischen Herkunft praktizieren diese Menschen eine Religion, die man heute als typisch tibetischen Buddhismus bezeichnet. Wenn also Francke den Begriff »Indiens Tibet« verwendet hat, um den indischen Einfluss auf die tibetische Kultur herauszustellen, so erscheint es nur allzu naheliegend, die geografische Region, in der diese Kultur heutzutage vorherrscht, als »Tibets Indien« zu bezeichnen. Dies umso mehr, als zum einen innerhalb der letzten fünfzig Jahre Regionen wie Rupshu und Ladakh Zufluchtsstätten für Tausende tibetischer Flüchtlinge geworden sind, und zum anderen, weil im Angesicht der Zerstörungen, die in Tibet während der Kulturrevolution angerichtet wurden, sich die auf indischem Territorium liegenden Himalaya-Grenzregionen zu wahren Bastionen des tibetischen Buddhismus entwickelt haben. So liegt auch Dharamsala, die Exilresidenz des Dalai Lama und seiner tibetischen Exilregierung, in den Vorbergen des Himalaya im indischen Himachal Pradesh. Von hier aus besucht er oft die Hochgebirgsregionen, um neue Tempel einzuweihen oder Initiationen wie das Kalachakra durchzuführen – Anlässe, die Tausende von Menschen anziehen. Das Gleiche gilt für die hohen Lamas anderer Schulen des tibetischen Buddhismus wie Drigung Chetsang Rinpoche oder Sakya Trizin, die ebenfalls ihre Exilheimat im indischen Teil des Himalaya gefunden haben. Nicht ohne Ironie lassen sich so gewisse indische Regionen daher heutzutage als »am tibetischsten tibetisch« bezeichnen.

Von diesen Regionen bilden Kinnaur, Spiti, Lahaul, Rupshu und Nubra Indiens nordwestliche Grenze zu Tibet. Es sind die nördlichsten Distrikte der indischen Bundesstaaten Himachal Pradesh und Jammu and Kashmir. Westlich und südlich von ihnen liegen die Gebiete von Dah-Hanu, Ladakh und Zanskar. Beide Himalaya-Hauptketten, die transhimalayische Zanskar Kette und die Große Himalaya Kette, verlaufen durch diese Regionen und trennen mit über 7000 Meter hohen Gipfeln das Gebiet sowohl vom indischen Tiefland als auch von Westtibet. Östlich von Kinnaur bilden die Berge des Garwhal Himal in Uttaranchal die Grenzen zu Tibet und Nepal. Buchstäblich eingekreist von 5180 bis über 7000 Meter hohen Bergriesen präsentieren sich diese Regionen als separate Talbecken, in die sich unzählige Gletscherflüsse ergießen, die sich in ihren weiteren Verläufen zu großen Strömen vereinigen: Sutlej in Kinnaur, Spiti in Spiti,

Gegenüber: *Einer der wichtigsten Gelehrten während der zweiten Verbreitung des Buddhismus in Tibet vom Westhimalaya aus war der Große Übersetzer Lotsava Rinchen Zangpo (958–1055). Eingerahmt von den ansonsten dem Buddha vorbehaltenen Thronsymbolen und flankiert von den Bodhisattvas Maitreya und Avalokiteshvara, wird er hier im Großen Stupa Nr. 2 von Alchi in Ladakh sogar ranggleich mit dem Buddha selbst dargestellt. Kaschmirischer Malstil des frühen 13. Jahrhunderts. Foto: M. Henss.*

Oben: *Kaschmirischer Gelehrter, einer der Lehrmeister Rinchen Zangpos, in weißem, mit Svastikas verziertem Gewand, umgeben von tantrischen Ritualgegenständen. Malerei des frühen 13. Jahrhunderts im großen Stupa Nr. 1 von Alchi.*

Die frühen tibetischen Tempel des Westhimalaya haben in ihren Malereien und Skulpturen die spätindisch-kaschmirische Kunst bewahrt. Ihr Stil zeichnet sich unter anderem durch eine äußerst feine Linienführung und minutiös gestaltete Details aus, was in diesen beiden Motiven aus dem Tsug Lhakang von Tabo (um 1042) besonders deutlich wird:

Oben: *Der Elefant, Reittier einer Skulptur des Buddhas Akshobhya, scheint der Prozession eines indischen Maharaja entsprungen zu sein, in solch vollkommen indisch anmutendem Stil ist er gemalt.*

Gegenüber: *Die in Schattierungstechnik ausgeführte, beringte Hand eines grünen Bodhisattvas hält in graziöser Manier ein dreifaches Wunschjuwel. Der Schmuck an Handgelenk und Arm (edelstein- und perlenbesetztes Goldgeschmeide, Löwenbrosche) ist reich, das die Gottheit umgebende Tuch wirkt nahezu transparent und die von ihr ausgehenden Energiestrahlen wechseln in jeder Windung ihre Farbe von Weinrot nach Lapislazuli-Blau.*

Chandra und Bhaga in Lahaul, Shayok und Nubra in Nubra, Indus in Dah-Hanu und Ladakh sowie Suru, Doda, Kargyak, Tsarap und Zanskar in Zanskar. Durch ihre Lage hinter den himalayischen Bergketten sind gerade diese nördlichen Gebiete Bergwüsten schönster Art – grandios in ihren Weiten, umkränzt von massigen Gletschergipfeln, bis auf einige wenige Oasen nahezu vegetationslos karg, endlos und leer. Ihre Unzugänglichkeit, Abgeschiedenheit und Abgeschlossenheit hat bewirkt, dass sich in ihnen die über die einstmals durch sie verlaufenden wichtigen Handelsrouten von den großen Nachbarn Indien und Tibet geprägten Kulturen in eigenständiger Form erhalten konnten. Bis zum heutigen Tage sind die Zeugnisse jener Einflüsse im Westhimalaya zu erfahren, sei es in Tempeln, Klöstern, Architektur, Glaube, Sprache, Tracht oder Bräuchen der lokalen Bevölkerungen. Ihre Entdeckung ist noch immer ein aufregendes und dankbares Unterfangen.

In den Klöstern des Westhimalaya wird das in Tibet nahezu zerstörte Kulturerbe bewahrt und gepflegt, angeregt und belebt von den im Exil lebenden hohen Inkarnationen der verschiedenen buddhistischen Lehrrichtungen, die in den Klöstern als Vorsteher eingesetzt sind bzw. die Regionen häufig besuchen, Einweihungen geben und als Beispiel fungieren. So verzeichnen manche Klöster, wie beispielsweise Tabo in Spiti, in dem die Wiedergeburt eines der Hauptlehrer des Dalai Lama inthronisiert ist, langsam wieder einen höheren Zulauf an jungen Mönchen.

Die Unzugänglichkeit des Westhimalaya konnte ihn vor den Auswirkungen des allgemeinen Klimawandels leider nicht bewahren. Ein alarmierendes Beispiel hierfür sind die dramatischen Veränderungen in der Eisdicke des Ganri-Gletschers im Suru-Tal von Zanskar zwischen 1976 (Foto links: H. Harrer) und 2008.

DIE ERFORSCHUNG DES WESTHIMALAYA

PADRES, PANDITS, PIONIERE

Die Erforschung des Westhimalaya durch die Europäer beginnt 1624 mit der Reise des Jesuitenpaters Antonio de Andrade (1580–1634), der über die Garwhalberge und die Gangesquelle (heutiges Uttaranchal) das westtibetische Königreich Guge mit seiner Hauptstadt Tsaparang erreicht. Er ist erst der vierte Reisende aus dem Westen, dem es gelingt, nach Tibet vorzustoßen. 1626 haben er und seine Brüder in Tsaparang eine erste Kirche errichtet, doch bereits 1630 werden sie über die ladakhische Hauptstadt Leh ausgewiesen. 1715 starten die Jesuiten unter Ippolito Desideri von Leh aus einen erneuten Versuch, Tibet zu erreichen und zu missionieren. 30 Jahre später jedoch muss die Missionsstation von Lhasa aufgrund von politischen Veränderungen und Intrigen wieder aufgegeben werden.

Für weitere knapp 100 Jahre ist der Himalaya, wie Horace Hayman Wilson (1786–1860) es ausdrückt, »lediglich ein weißer Flecken Landkarte zwischen Indien und China«. Doch im ersten Viertel des 19. Jahrhunderts sucht die britische East India Company, ihre Handelsbeziehungen nach Zentralasien zu erweitern: Hierzu werden mehrere Expeditionen ausgerichtet, etwa die von James Baille Fraser 1815 über Kinnaur zur Gangesquelle und in das Kailash-Gebiet sowie die von William Moorcroft und George Trebeck 1819, die von Kullu aus über Lahaul nach Ladakh führt. Moorcroft (1767–1825) hatte bereits 1812 als Sadhu verkleidet den Garwhal Himal überquert und war zum Kailash und zu den heiligen Seen Manasarovar und Rakas Tal vorgedrungen, wobei er erstmals die Quellen von Indus und Sutlej auskundschaften konnte. Bei seinem zweiten Aufbruch hat er den Auftrag, eine offizielle Handelsroute zwischen Britisch-Indien und Tibet unter Ausschluss Kaschmirs zu erkunden, zu verhandeln und, wenn möglich, zu eröffnen. Doch wie so viele spätere Expeditionen mit ähnlicher Mission scheitert auch er an der Unnachgiebigkeit der Tibeter und wird mitsamt seiner Gruppe ausgewiesen. Die Führung seiner Gruppe hatte ein Pandit übernommen. Dies waren speziell ausgebildete Inder (oder auch Tibeter), die in Verkleidung für den britischen Geheimdienst topografische Vermessungen im gesamten Himalaya und Karakorum durchführten – Aktionen, die die Briten »Das Große Spiel« nannten und die ihnen im geheimen Kampf gegen Russland und China um die Vormacht in der strategisch wichtigen Region zwischen Süd- und Zentralasien Vorteile verschaffen sollte. Rudyard Kipling hat diesem abenteuerlichen Aspekt der britischen Kolonialgeschichte seinen Roman *Kim* (1901) gewidmet, der in Kullu, Shimla, Kinnaur und Spiti spielt.

Moorcroft reist über die nächsten Jahre zwischen Srinagar und Leh hin und her, zum Teil unterstützt von der East India Company, zum Teil auf eigene Faust und Ver-

Gegenüber: *Der Brite Samuel Bourne – der dritte Reisende, der fotografische Zeugnisse des Westhimalaya anfertigte und der erste professionelle Fotograf – war besonders von der Natur der noch bewaldeten Bergwelt von Kinnaur, Kullu, Kaschmir und Garwhal fasziniert. Diese Aufnahme von 1866 zeigt die »Aussicht von der neuen Straße in Pangi – im Hintergrund die hohen Chini-(Kinner-Kailash-)Gipfel«. Sammlung Siegert.*

Oben: *1905 begleitete der indische Fotograf Ghulam Nabi den damaligen Leiter des Archäologischen Dienstes Indiens, Jean Philippe Vogel, nach Lahaul, wo er erstmals den überaus bedeutenden geschnitzten Türfries am Mirkula-Devi-Tempel in Udaipur aus dem 9. Jahrhundert dokumentierte. Der nördliche Teil zeigt das Thema der Versuchung Buddhas durch Mara (links mit Bogen), seine verführerischen Töchter und der tierköpfigen Dämonenarmee. Courtesy: Friends of the Kern Institute, Leiden (P-038752).*

Illustrationen aus den ersten Büchern zum Westhimalaya

Oben: *Impression von Nako, nach einer Zeichnung von Prinz Friedrich Wilhelm Waldemar von Preußen.* Unten: *Der Palast von Leh und Bewohner Spitis aus Alexander Cunninghams »Ladak«.*

Gegenüber oben: *Eine Seilbrücke in Spiti. Anonym, um 1880.* Unten: *Erosionsformen in der Nähe des Parang-Passes in Spiti. Anonym, um 1890.*

antwortung. 1822 trifft er westlich von Leh auf den ungarischen Philologen Sandor Csoma de Körös (1784–1842), der auf der Suche nach den Wurzeln der ungarischen Sprache zu Fuß von seiner Heimat nach Indien aufgebrochen war. Von dort hoffte er, nach Tibet und Zentralasien zu gelangen, wo er Hinweisen nachgehen wollte, die besagten, dass das Ungarische mit einem tibetischen Dialekt verwandt sein könnte. Moorcroft stellt ihn an und beauftragt ihn, ein englisch-tibetisches Wörterbuch zusammenzustellen, da zu dieser Zeit kein Brite tibetisch versteht oder spricht – die Verkehrssprache ist noch Persisch. Über einen Zeitraum von acht Jahren studiert de Körös nun in Ladakh, Zanskar und Kinnaur die tibetische Sprache. Sein erster Studienort ist die einsame Burg von Zangla in Zanskar, auf der Spitze eines windumtosten Berges gelegen. Nur umgeben von (künstlerisch hervorragenden) Holzskulpturen, die Äbte, Heilige, Buddhas und Bodhisattvas zeigen (siehe Kapitel »Zanskar«, Seite 146f.), und angeleitet von einem Lama aus der unreformierten Nyingma-pa-Schule, erkennt er bald die Lückenhaftigkeit der dortigen Bibliothek. Er zieht den Lingti Chu südostwärts und gelangt nach Phugtal, wo er, mit seinen Sprachstudien beschäftigt, das karge, entbehrungsreiche Leben der Mönche teilt. 1827 siedelt er nach Kanum in Kinnaur um, da hier eine vollständige Ausgabe der 333 Bände des Kanjur (buddhistische Lehrtexte) und des Tanjur (Kommentare) vorhanden ist. Hier treffen ihn der Arzt im Dienst des British Medical Service, Alexander Gerard, der in den Jahren 1817 bis 1829 mehrere Forschungsreisen durch Kinnaur und Spiti unternimmt, und 1830 der französische Botaniker Victor Jacquemont bei seiner Erforschung des oberen Sutlej-Tals (Kinnaur) bis zur tibetischen Grenze. In Kanum vollendet de Körös schließlich das erste englisch-tibetische Wörterbuch und zudem die erste tibetische Grammatik (beide 1834). Seine Schriften legen den Grundstein für die spätere Wissenschaft der Tibetologie. Von den Buddhisten selbst wird er 1933 als Bodhisattva anerkannt.

Als erster Europäer besucht der Brite Godfrey Thomas Vigne (1801–1863) die himalayischen Kleinfürstentümer Chamba und Kishtwar, zwanzig Mal überquert er die Himalaya-Pässe zwischen Sutlej und Kaschmir. 1837 geht er eine erste groß angelegte Expedition über Ladakh nach Baltistan und Nubra an, der weitere in den Karakorum folgen, die vermutlich, neben geografischen Interessen, auch geheimdienstlich motiviert waren. Auf den Berichten über seine Reisen und den darin publizierten Karten fußt die Erkenntnis, dass im Westhimalaya mehrere Bergketten zusammentreffen – die des Himalaya, des Karakorum, des Kun Lun und die Ausläufer des Hindukusch.

Mehrere europäische Adlige sind ebenfalls im 19. Jahrhundert im Westhimalaya unterwegs. 1835 ist es Freiherr Karl von Hügel (1795–1870), der auf seiner sechsjährigen Asien- und Australienreise umfangreiche Herbarien auch der himalayischen Pflanzenwelt anlegt und ein vierbändiges Werk allein zu seinen Himalayareisen vorlegt. Zehn Jahre später folgt der deutsche Prinz Friedrich Wilhelm Waldemar von Preußen (1817–1849). Er reist zur Gangesquelle und von dort über das Sutlejtal nordwärts nach Shipki, den Grenzort auf tibetischer Seite – erstaunlicherweise auch nach Nako, welches damals als extrem schwierig zu erreichen galt. Seine Reiseerlebnisse werden 1857 posthum von Johann Gottlieb Kutzner veröffentlicht.

Um für die britische Seite die Grenzen nach Tibet zu verifizieren, begibt sich 1847 eine weitere Expedition in den Westhimalaya: Sie besteht aus dem Biologen Thomas Thomson (1817–1878), dem Geologen Henry Strachey (1816–1912) sowie dem Ingenieur und späteren Indologen Alexander Cunningham (1814–1893), der für Geografie und Ethnologie des Landes zuständig ist. Strachey hat ein Jahr zuvor bereits das Gebiet um die heiligen Seen am Kailash vermessen, und auch nach der gemeinsamen Expedition bricht er noch einmal über den Garwhal gen Tibet auf, wo er das westtibetische Königreich Guge erforscht. Zwar scheitert die Expedition in ihrem ursprünglichen Anliegen, doch sind die wissenschaftlichen Erkenntnisse so bedeutsam und reichhaltig, dass Strachey eine Ehrenmedaille der Royal Geographical Society erhält und Cunninghams Buch zu Ladakh, das erste überhaupt, bis heute als Standardwerk gilt. Er publiziert des Weiteren über die Routen zu den Quellen der Flüsse des Punjab in Lahaul, Chamba und Kaschmir, über kaschmirische Tempel und seine Reisen von Kullu über Lahaul zum Tso Moriri in Rupshu.

Von 1854 bis 1857 erforschen die deutschen Brüder Robert, Adolph und Hermann Schlagintweit von Indien aus Kaschmir, Ladakh und andere Regionen des Himalaya mit den Schwerpunkten Geologie, Geografie und Botanik. Sie sind talentierte Zeichner und die ersten, die in den Gebieten ihres Aufenthalts halbwegs authentische Ansichten (insgesamt 751 Skizzen, Kohlezeichnungen, Aquarelle, Ölgemälde und Profilzeichnungen) erstellen, die in ihren Publikationen von wissenschaftlichen Kommentaren begleitet werden.

PRIESTER, PHOTOGRAPHIKER, PHILOLOGEN

1854 ist auch das Jahr, in dem die Herrnhuter Missionare Eduard Pagell (1820–1883) und August Wilhelm Heyde (1825–1907) den Westhimalaya erreichen. Sie befinden sich auf dem Weg in die Mongolei und möchten in Tibet missionieren. Da ihnen jedoch dreimal die Einreise verweigert wird, gründen sie nach einigen Touren durch Zanskar und Ladakh in Keylong (Lahaul) und 1865 in Poo (Kinnaur) – an den Haupthandelsstraßen nach Tibet – ihre ersten Missionsstationen. Heinrich August Jäschke (1817–1883) wird 1857 zum Aufseher über die Mission bestellt. Zunächst hält er sich längere Zeit in Stok (Ladakh) auf, von wo aus er sich einen Eindruck von Land und Leuten verschafft. Dann beginnt er mit seiner philologischen Tätigkeit, die dem Ziel dient, die erste tibetische Bibel herauszugeben, welches mit der Publikation eines tibetisch-englischen Wörterbuchs 1881 einhergeht.

Die zweite Hälfte des 19. Jahrhunderts bedeutet für den Westhimalaya ein anwachsendes Forscherinteresse: Zum einen überwacht der britische Geheimdienst zunehmend von Ladakh aus die vermeintliche russische Expansion, zum anderen frequentieren Schweizer und deutsche Reisende, englische Sozialforscher, Botaniker, Vermesser und Bergsteiger, österreichische Paläontologen und Geologen Ladakh und die umliegenden Gebiete und publizieren ihre Erkenntnisse. Allerdings ist der Zutritt gerade zur kaschmirischen Seite stets mit großen bürokratischen Schwierigkeiten versehen.

1861 fertigt der englische Infanteriehauptmann Melville Clarke (1834–1878) die ersten fotografischen Zeugnisse des Westhimalaya an. 1862 erscheinen seine 37 Albuminabzüge von Landschaften und Menschenportraits entlang der Route Shimla–Leh–Srinagar zusammen mit Beschreibungen in einer Bildermappe. Weitere 35 Ansichten ähnlich verschiedenartiger Sujets aus den Kangra-Bergen, dem Kullu-Tal, Lahaul und Spiti (darunter die erste Aufnahme von Kibber, dem höchstgelegenen Dorf Indiens) liefert 1863 der Kommissar des Kangra-Distrikts, Philip Henry Egerton (1824–1893), von seiner Tour zur Grenze nach Tibet, auf der er von August Wilhelm Heyde begleitet wird und die das Ziel verfolgt, alternative Routen nach Yarkand in Zentralasien zu finden.

1866 folgt ihm der britische Fotograf Samuel Bourne (1834–1912), der in Shimla ein erstes temporäres Fotostudio aufbaut. Bourne ist Landschaftsfotograf mit hohem Anspruch an sein Sujet und an sich selbst. Menschen und Kultur interessieren ihn nur sekundär. Er unternimmt drei Expeditionen bis nach Spiti, zieht es jedoch vor, in den vegetationsreicheren Gebieten wie den Shimla Hills, Kullu, Kinnaur oder Kaschmir zu bleiben, da diese eher seinem romantischen Schönheitsideal entsprechen. Auf seiner dritten Reise wird er von dem britischen Amateurgeologen George Rankin Playfair (1816–1881) begleitet. Dieser lenkt Bournes Aufmerksamkeit auf spezielle geologische Formationen, die sich aufgrund ihrer Strukturen für Bourne auch vom fotografischen Gesichtspunkt her als reizvoll erweisen (siehe Kapitel »Spiti«, Seite 71). Als Bourne Indien 1870 wieder verlässt, nimmt er von seinen Expeditionen 713 katalogisierte Negative mit, sowie 261 Ansichten von Shimla.

1885 errichtet die Herrnhuter Brüdergemeinde in Leh ihre dritte Missionsstation mit Kirche und kleinem Krankenhaus. Elf Jahre später stößt der Philologe und Historiker August Hermann Francke (1870–1930) zur Mission, der einen bedeutenden Platz unter den Erforschern des Westhimalaya einnehmen wird. Die Missionare sind stets eng mit den Unternehmungen, gerade der deutschsprachigen Forscher, verbunden. So unterstützen sie nach Leibeskräften die Brüder Schlagintweit und den schwedischen Entdecker Sven Hedin (1865–1952), der auf seinen Expeditionen nach Tibet und Zentralasien um die Jahrhundertwende mehrfach die Stationen in Poo und Leh in Anspruch nimmt. Doch profitieren auch die Missionare von den Ergebnissen der Forscher, zum Beispiel jenen des Biologen Alfred Karl Meebold (1863–1952), der den Zugang in das

Dhankar, der Hauptort Spitis, wurde von sehr vielen Forschern als pittoresk und faszinierend empfunden. Er erscheint daher auch relativ häufig in den Berichten der frühen Reisenden.

Oben: *Babu Pindi Lals dramatische Impression von Dhankar im Jahr 1909. Courtesy: Friends of the Kern Institute, Leiden (P-038938).*

Gegenüber oben: *Stich von Hermann Schlagintweit, 1880, der das für den Himalaya so typische Lichtspiel der Wolkenschatten einfängt.* Mitte: *Ausschnitt aus einem Stich nach einer Zeichnung von Victor Jacquemont von 1830.* Unten: *Foto von 1994.*

Aufnahmen von Babu Pindi Lal 1909 und ihre gegenwärtigen Entsprechungen

Links oben: *Das geschnitzte Portal zum Dukhang von Alchi in Ladakh aus der Mitte des 12. Jahrhunderts. Courtesy: Friends of the Kern Institute, Leiden (P-039010) und M. Henss 1984.*

Rechts oben: *Schrein einer Göttin im oberen Tempel von Nako (Mitte des 12. Jahrhunderts), die von Tucci als »Goldene Tara« interpretiert wurde. Wahrscheinlich ist aber eine Prajnaparamita, die Göttin der Weisheitserhöhung, dargestellt. Courtesy: Friends of the Kern Institute, Leiden (P-042991).*

Tal von Dah-Hanu erstmals erforscht. 1905 unternehmen daraufhin die Herrnhuter unter August Hermann Francke von ihrer Missionsstation Khalatse aus (letztlich erfolglose) Anstrengungen, die buddhistischen Darden (Minaro) zu missionieren. Jedoch gelingt es Francke, eine große Menge an Felsinschriften zu sichten und zu kopieren.

1909 erhält Francke, der sich mit seinem Buch *A History of Western Tibet* (1907) bereits einen Namen in der Fachwelt gemacht hat, vom Archaeological Survey of India, dem Ladakh-Forscher Alexander Cunningham lange als Direktor vorstand und der jetzt vom niederländischen Sanskrit-Gelehrten Jean Philippe Vogel (1872–1958) geleitet wird, den Auftrag, die archäologischen Stätten des Westhimalaya zu erforschen. Vogel hatte zwischen 1901 und 1908 jedes Jahr die Bergstaaten des Punjab (Kangra, Kullu, Mandi und Lahaul) unter archäologischen und kunsthistorischen Gesichtspunkten zu Fuß und zu Pferde bereist und 1911 darüber publiziert. Francke nun soll sich besonders den tibeto-buddhistischen Regionen wie Hoch-Kinnaur, Spiti und Ladakh widmen. Zusammen mit dem indischen Fotografen und technischen Zeichner Babu Pindi Lal aus Lahore startet er am 14. Juni 1909 in Shimla seine Reise, die ihn zunächst durch die Shimla Hills und dann entlang der Hindustan-Tibet Road oberhalb des Sutlej durch Kinnaur führt. Nach einem kurzen Besuch jenseits der tibetischen Grenze in Shipki (auf die ihm angebotene Möglichkeit eines persönlichen Besuches der bedeutenden Orte Tholing und Tsaparang verzichtet er leider) biegt er nach Spiti ab und ist der erste westliche Forscher, der die Interieurs der Tempel von Nako und Tabo sieht, ikonografisch zuordnet und aus ihnen Innenaufnahmen mitbringt. Ab Kaza und Kye folgt

Oben: *Der Kanjur Lhakang von Kanum in Kinnaur, 1909 und 1998; dahinter ist auf der historischen Aufnahme das Dorf Labrang zu sehen. Der Tempel beherbergt einen vollständigen Satz des buddhistischen Kanons (Kanjur) und der Kommentare (Tanjur) aus dem Kloster Narthang in Tibet, deren sich der ungarische Philologe Csoma de Körös während seines dreijährigen Aufenthalts hier zwischen 1827 und 1830 bediente. Courtesy: Friends of the Kern Institute, Leiden (P-038906).*

Unten: *Kaschmirische Holzelemente am Sumtsek-Tempel des Klosters Alchi in Ladakh, 1909. Courtesy: Friends of the Kern Institute, Leiden (P-039008) und Aufnahme von 1993. Die von Babu Pindi Lal erstmalig festgehaltenen und bis in die 1980er-Jahre noch erhaltenen Holzskulpturen des Buddhas Akshobhya und eines Bodhisattvas wurden in der Zwischenzeit gestohlen und fehlen auf dem rechten Bild. Heute befinden sich in den Rahmen Repliken.*

Oben: *Auf der Francke-Expedition 1909 gelangen Babu Pindi Lal erstmalig mit Hilfe von unsynchronisierten Magnesiumblitzen Innenaufnahmen aus dem Kloster Tabo in Spiti. Courtesy: Friends of the Kern Institute, Leiden (P-038928).*

Gegenüber: *In jahrelangen Dokumentationsprojekten hat der tschechische Fotograf Jaroslav Poncar Anfang der 1990er-Jahre die Technik, in den schwierigen Lichtverhältnissen der Innenräume der Himalaya-Klöster zu fotografieren, perfektioniert. Seine Aufnahmen bestechen durch ihre neutrale Farbwiedergabe, geringe Reflexionen und einen ästhetischen Blick auf die Kunstwerke. Sie werden der Schönheit ihrer Sujets mehr als gerecht. Western Himalaya Archive, Wien (20681).*

Francke der Route über Kibber und den Parang-la zum Tso Moriri in Rupshu und umgeht so Lahaul. Im Osten Ladakhs stößt er auf Chörten (tibetisch-buddhistische Reliquienschreine) von beträchtlichem Alter, die er einer prä-ladakhischen Volksgruppe namens Mon zuordnet. In Leh sind zu dieser Zeit zwei Gräber ausgehoben, die Francke aufgrund der länglichen Form der Schädel den Darden zuschreibt. Beide Thesen harren bis heute noch ihrer Bestätigung. In Ladakh selbst erscheint ihm auf dem Weg nach Srinagar nur Alchi von kunsthistorischem Wert, und auch hier lässt er Pindi Lal die ersten (gelungenen) Innenaufnahmen »auf Verdacht hin« anfertigen – die Blitzfotografie ist zu dieser Zeit noch nicht synchronisiert.

Francke verfolgt auf seiner Expedition drei Hauptziele: Die Erstellung einer lückenlosen historischen Chronologie für Ladakh und die angrenzenden Gebiete (von ihm »Indiens Tibet« genannt), die Identifizierung von frühen Kulturstätten, die auf den Großen Übersetzer Rinchen Zangpo (958–1055) zurückgehen, sowie die Erforschung der prä-ladakhischen Volksgruppen der Mon und Darden. Aufgrund der vielen Inschriften, die Francke auf Felsen, an Tempelwänden, auf Stelen und Stupas findet und die sein Wissen über die in Buch- und Manuskriptform geschriebenen Chroniken ergänzen, ist er schließlich 1926 in der Lage, die Chronologie Ladakhs als zweiten Teil seiner Forschungsergebnisse vorzulegen – der erste Teil von *Antiquities of Indian Tibet* mit 90 Fotografien von Pindi Lal erschien bereits 1914. Sie enthält in übersetzter, editierter und kommentierter Form alle historischen Fakten der fünf hauptsächlichen Texte der westtibetischen Chroniken sowie 23 kleinere Chronologien aus Zanskar, Guge und Lahaul, die zudem im originalen Wortlaut abgedruckt sind. Auch die architektonischen, ikonografischen und stilistischen Kriterien für die auf Rinchen Zangpo zurückgehenden Tempel aus der zweiten Verbreitungswelle des Buddhismus, von denen bis heute noch eine gewisse Anzahl in Kinnaur und Spiti erhalten ist, kann Francke erstmalig festlegen. Lediglich die dritte Forschungsfrage nach Herkunft und Kultur von Mon und Darden bleibt unbeantwortet.

Insgesamt hat Francke neben seinen beiden Hauptwerken über 170 wissenschaftliche Beiträge verfasst und als erster das Evangelium nach Markus ins Tibetische übersetzt. 1911 wird ihm in Breslau die Ehrendoktorwürde verliehen und 1925 bekommt er einen Lehrauftrag für Tibetische Wissenschaft an der Universität Berlin. Er ist damit der erste deutsche Professor für das Fach Tibetologie. Bis an sein Lebensende bleibt er mit der ersten Übersetzung des Alten Testaments ins Tibetische befasst. Die aus seinen umfangreichen Untersuchungen entstandenen Themengebiete sind bis heute Gegenstand der Forschung, und auch in der direkten Folgezeit finden sich einige, die Franckes Studien nacheifern. Einer von ihnen ist Henry Lee Hadwen Shuttleworth (1882–1960), ein Verwaltungsbeamter in Kullu, der 1917, 1918 und 1924 mehrere Expeditionen an die Grenze nach Tibet unternimmt, 1922 über die Grenzgebiete des Punjab im Himalaya schreibt und 1929 Franckes Forschungen zu Rinchen-Zangpo-Klöstern mit

In den 1930er-Jahren lässt sich der berühmte russische Maler, Archäologe, Friedensaktivist, Mystiker, Schriftsteller und Forschungsreisende Nicholas Roerich im Dorf Naggar im Kullu-Tal nieder. Sein Sohn George – selbst Orientalist, Philologe, Kunstkritiker und Ethnologe – rüstet mit ihm mehrere Himalaya-, Zentralasien- und China-Expeditionen aus, auf denen er auch kunstvolle, vom Geist des Expressionismus getragene Fotografien anfertigt. Diese Aufnahme von 1925 zeigt den Palast von Leh. Sammlung van Ham.

einer Abhandlung über die Tempel von Lhalung in Spiti ergänzt (Francke schreibt dazu das Vorwort). Ein weiterer ist 1931 und 1933 der italienische Tibetologe Giuseppe Tucci (1894–1984), der aufgrund von Franckes und Shuttleworths Forschungen auf seiner Expedition nach Guge ebenfalls Nako, Tabo und Lhalung aufsucht und diesen Orten sowie ihrem Gründer Rinchen Zangpo jeweils einen eigenen Band innerhalb seiner Indo-Tibetica-Reihe widmet. Dabei korrigiert er Francke in schwierigen Fragen der Ikonografie und leistet so einen erheblichen Beitrag zum Verständnis frühtibetischer Kunst. Auch versäumt er es nicht, weitere kunsthistorisch bedeutsame Orte Kinnaurs und Spitis zu dokumentieren, etwa Chini mit seinem Vishnu-Tempel aus dem 8. Jahrhundert oder die geschichtlich bedeutsamen Fresken des oberen Tempels in Dhankar.

Ein weiterer Italiener ist bereits 1909 im Karakorum und noch einmal 1913/14 in Ladakh unterwegs: Mit nahezu 300 Trägern und einer Karawane von Packtieren, die 40 Tonnen Ausrüstung tragen, wandert Filippo de Filippi (1869–1932) auf seiner Route von Baltistan nach Zentralasien zum ersten Mal im Winter auf dem zugefrorenen Indus, um ansonsten unzugängliche Stellen des Landes zu erforschen.

Die Zeit um den Zweiten Weltkrieg bringt eine relativ große Menge an Forschern – nicht immer freiwillig – in den Westhimalaya. Viele von ihnen sind in erster Linie Bergsteiger, aber ihre Begeisterung für die Gipfel überträgt sich zumeist auch auf die Menschen und die Kultur, die sie hier vorfinden – so zum Beispiel bei Marco Pallis (1895–1989) 1933 in Kinnaur und 1936 in Ladakh oder bei Heinrich Harrer (1912–2006), der 1939 auf dem Rückweg vom Nanga Parbat in Dehra Dun (im heutigen Uttaranchal) interniert wird. 1944 gelingt ihm nach mehreren Versuchen mit einigen Begleitern die Flucht und er gelangt über Kinnaur und Spiti nach Tibet. Fast zwei Jahre kämpfen sich er und sein Gefährte Peter Aufschnaiter (1899–1973) durch die Changthang-Hochebene und vorbei an Tholing, Tsaparang und dem Kailash über rund fünfzig Pässe von über 5000 Metern Höhe, bis sie 1946 Lhasa, die Hauptstadt Tibets, erreichen, wo sie für fünf Jahre bleiben. Diplom-Landwirt Aufschnaiter ist als Ingenieur für die Regierung tätig, Harrer unter anderem als Übersetzer und Fotograf. Später unterrichtet er den jungen Dalai Lama in Englisch und Geografie und wird dessen Freund. Mitte der 1970er-Jahre bereist Harrer als einer der Ersten die soeben wiedereröffneten Gebiete von Ladakh und Zanskar und publiziert darüber. Ein weiterer Flüchtlingskamerad von Harrer, Hans Kopp, schreibt später ebenfalls ein Buch über seine Erlebnisse im Westhimalaya und in Tibet. Diese kann Kopp aktualisieren, da er ab 1948 in Kinnaur am groß angelegten Sutlej-Staudammprojekt mitarbeitet und von dort immer wieder auch nach Spiti reist.

In gewisser Weise ebenfalls kriegsbedingt, lässt sich in den 1930er-Jahren der russische Maler und Mystiker Nicholas Roerich (1874–1947) im Dorf Naggar im indischen Kullu-Tal südlich von Lahaul nieder. Neben ausgedehnten Expeditionen nach Zentralasien führen ihn sein Schaffensdrang und seine Forschungen zur tibetischen

Kultur zusammen mit seinem Sohn George (1902–1960) immer wieder in die Gebiete jenseits des Rohtang-Passes bis nach Ladakh.

Mit der indischen Unabhängigkeit 1947, dem Einmarsch der Chinesen in Tibet 1950 und den indo-pakistanischen Grenzkriegen, deren erster bereits 1947 ausbricht, schottet Indien den Westhimalaya rigoros gegen Ausländer ab. Erst 1974 wird Ladakh als erste der Hochregionen für einen begrenzten Tourismus freigegeben. Doch immer wieder gelingt es in den Jahren dazwischen einigen wenigen Forschern, gewisse Teilregionen des Westhimalaya zu besuchen, so 1953 dem englischen Tibetologen David Llewelyn Snellgrove in Spiti und Lahaul. Nach der Öffnung Ladakhs und Zanskars zeichnen er auf kunsthistorischem und der französische Anthropologe Michel Peissel auf ethnologischem Gebiet für deren wesentliche Erforschung verantwortlich, ergänzt durch die Sozialforschungen des Schweizer Tibetologen Martin Brauen in Ladakh. Ebenfalls seit den 1970er-Jahren ist der tschechische, in Deutschland beheimatete Fotograf Jaroslav Poncar immer wieder im westlichen Himalaya unterwegs, wo er unter anderem an langjährigen Forschungsprojekten zu lokalen Kulturstätten wie Alchi (geleitet von Roger Goepper) und später auch Tabo in Spiti mitarbeitet. Den ersten Reise-/Kulturbericht nach der offiziellen Öffnung von Kinnaur und Spiti 1993, dem die erste kunsthistorische Abhandlung zu den bedeutenden Kulturstätten der Region seit Tucci folgt, legt der Autor dieses Buches 1994 und 1997 vor.

Die wichtigsten indischen Beiträge zur neuzeitlichen Erforschung der Region stammen von dem Archäologen und Kunsthistoriker Om Chand Handa aus Shimla, der zu einer großen Anzahl von Aspekten der vielfältigen Kulturen seines Heimatstaates Himachal Pradesh Bücher schreibt, sowie dem in Luxemburg lebenden Ethnologen Rohit Vohra. Er ist der erste, der intensiv über die Volksgruppe der buddhistischen Darden (Minaro) von Dah-Hanu gearbeitet hat, schon bevor kleine Teile ihrer Region Mitte der 1990er-Jahre erstmalig offiziell zugänglich wurden. In jüngster Zeit tritt vermehrt die Universität Wien in einem wegweisenden, interdisziplinären Forschungsprojekt zum Westhimalaya unter der Leitung von Kunsthistorikerin Deborah Klimburg-Salter in Erscheinung, an dem auch der Österreicher Christian Luczanits mitarbeitet.

Swetoslaw Roerich: Nicholas Konstantinowitsch Roerich, 1937, Öl auf Leinwand. Nicholas Roerich Museum, New York.

Als ein Akt der Ehrfurcht vor den Göttern des Kullu-Tals sammelte Roerich ihre Bildnisse und stellte sie neben seinem Haus in Naggar auf. Unter den Statuen befand sich auch eine Darstellung des Reiters Guga Chohan, des als Gott verehrten Beschützers des Tales. Die Skulptur findet sich immer wieder auf Roerichs Gemälden und Fotos wie auch auf diesem von seinem zweiten Sohn Swetoslaw (1904–1993) angefertigten Portrait.

SHIMLA & KINNAUR

Bourne

BRITEN AM ENDE DER BEWOHNBAREN WELT

Es gibt mehrere Zugänge zum Westhimalaya: Srinagar in Kaschmir, Manali im Kullu-Tal oder Shimla in den gleichnamigen Bergen, beide in Himachal Pradesh. Alle diese Orte und die sie umgebenden Gebiete, stets den hohen Pässen des Himalaya vorgelagert, galten unter jenen, die dort lebten, als das »Ende der bewohnbaren Welt«. Als zu lebensfeindlich empfand man die dahinter befindlichen Hochwüsten. Shimla, die ehemalige Sommerresidenz der britischen Kolonialherren und heutige Hauptstadt des Bundesstaates Himachal Pradesh, liegt Kinnaur, der ersten Westhimalaya-Region mit einem starken buddhistischen Erbe, am nächsten. Der Ort, auf einem im Mittel 2400 Meter hohen Bergrücken mit sieben Ausläufern gelegen und umgeben von reichen Pinien-, Deodar-Zedern-, Eichen- und Rhododendronwäldern, wurde von den Briten 1819 nach dem Gurkha-Krieg annektiert, als Shimla noch als »Shyamala« Teil des nepalischen Königreiches war. »Simla«, wie es von den Briten genannt wurde, war bereits Lord William Bentinck, Generalgouverneur Indiens von 1828 bis 1835, aufgefallen. In einem Brief an Oberst Churchill schrieb er 1832: »Simla ist nur vier Tage Fußmarsch von Loodianah entfernt, leicht zu erreichen und scheint eine sehr angenehme Zufluchtsstätte von den brennend heißen Ebenen Hindoostauns zu sein.«

Zum Ende des 19. Jahrhunderts war der Ort die Sommerresidenz Britisch-Indiens geworden. Soldaten, Händler und Beamte zogen jedes Jahr hierher, um der Hitze der sommerlichen Gangesebene zu entfliehen, zunächst in Karawanen von Eselskarren, die für die Entfernung zwischen Kalka in der Ebene hinauf nach Shimla acht Stunden benötigten. Ab 1903 trug dann die Einrichtung der Kalka-Shimla-Schmalspurbahn entscheidend zur Erreichbarkeit und Popularität Shimlas bei. Die Bahnlinie selbst galt als »Konstruktionswunder«, da ihre 96 Kilometer lange Strecke 864 Brücken, 102 Tunnel, 919 Kurven und 18 kleinere Stationen umfasste. 2008 wurde sie von der UNESCO zum Weltkulturerbe erklärt.

In Shimla durften per Dekret ursprünglich nur der Vizekönig, der Oberbefehlshaber der indischen Armee und der Gouverneur des Punjab eine Kutsche (und später ein Auto) fahren, wohingegen der Rest der Kolonialgesellschaft sich an Rikschas für den Personentransport und Ochsenkarren für den Warenverkehr halten musste. Noch vor dem Ersten Weltkrieg war die »Mall«, die Fußgängerzone in Shimlas Oberstadt, für Inder verboten. Erst nach Ende des Zweiten Weltkriegs erhielten auch Einheimische Zutritt, jedoch nur, wenn sie auf indische Kleidung verzichteten. Heutzutage sind die meisten Bereiche der Oberstadt immer noch Fußgängerzone. Die kolonialzeitlichen

Gegenüber: *Shimla mit der Christ Church, aufgenommen 1868 vom Jakko Hill. Im oberen Bereich liegt die Mall, und hinter dem Hügel links befindet sich die Viceregal Lodge. Foto: S. Bourne. Sammlung Siegert.*

Oben: *Ankunft der Postkutsche auf der Mall in Shimla. Im Hintergrund Gebäude im Neo-Tudor-Stil mit spitzen Dächern und geschwungenen Fenster- und Türbögen. Sie wurden ausschließlich von Engländern genutzt, z.B. von Banken oder den Fotografen Johnston und Hoffmann. Anonym, zwischen 1905 und 1915. Courtesy: Friends of the Kern Institute, Leiden (P-042756).*

Vorhergehende Doppelseite: *Chini, eines der schönsten Dörfer Kinnaurs, mit dem 6050 Meter hohen, aus sechs Gipfeln bestehenden Massiv des heiligen Kinner Kailash.*

Die Atmosphäre in Shimla ist heute geprägt von einer eigentümlichen Mischung aus Verfall und der Erinnerung an kolonialzeitliches Flair. Dieses ist in einigen der traditionsreichen Lokalitäten wie dem Indian Coffee House mit seinen in weißen Handschuhen servierenden Kellnern auch heute noch spürbar.

Bauten wie die Residenz des Vizekönigs, Auckland House, Gorton Castle, Peterhoff House und Gaiety Theatre haben sich mehr oder weniger original in ihrem historistischen Neo-Tudor- bzw. neo-gothischen Stil erhalten und prägen bis heute zu einem Gutteil das Stadtbild.

1871 wurde Shimla auch die Hauptstadt des damals noch ungeteilten Punjab und blieb es bis zur Errichtung der neuen Hauptstadt Chandigarh. 1914 wurden hier die britisch-chinesisch-tibetischen Verhandlungen geführt, die die Grenzen zwischen Tibet und Britisch-Indien entlang der sogenannten McMahon-Linie festlegten – ein Abkommen, das von China nie ratifiziert worden ist. Nach dem Bangladesch-Krieg 1971 unterzeichneten der pakistanische Präsident Zulfikar Ali Bhutto und Indiens Premierministerin Indira Gandhi hier eine weitere Shimla-Konvention, in der die Waffenstillstandslinie entlang der Nordwestgrenze zu Pakistan festgelegt wurde.

Heute leben etwa 143 000 Einwohner in Shimla, und der Ort strahlt immer noch eine ganz spezielle Atmosphäre zwischen Glorie und Verfall aus.

KINNAUR

Eine Tagesfahrt durch die Shimla Hills ostwärts bringt einen an die Ufer des Sutlej. Nach Norden schwenkend, erreicht man das Gebiet von Kinnaur, das Land der mythologischen Kinnaras, ein tief eingeschnittenes Gebiet mit vielen Seitentälern, die den Distrikt gliedern. Entsprechend weist die von der indischen Regierung vorgenommene politische Unterteilung des Gebiets sechs Verwaltungsbezirke (Tehsils) auf: Nachar-Tehsil, das Südkinnaur umfasst, Sangla-Tehsil im Baspa-Tal und von Südwesten und Nordosten Kalpa-, Morang-, Poo- und Hangrang-Tehsil, die die Grenzregion zu Spiti bilden.

Neben dem Hauptal des Sutlej, das über eine Länge von 140 Kilometern von Nordosten nach Südwesten verläuft und Weinbau sowie den Anbau von Getreide und anderen Feldfrüchten mit vereinzelten Obstgärten, in denen Äpfel und Aprikosen gedeihen, ermöglicht, ist das Baspa- oder Sangla-Tal entlang des Baspaflusses mit einer Länge von 95 Kilometern das zweitgrößte Tal. Man erreicht es über eine gefährliche, nur mit geländegängigen Fahrzeugen befahrbare Wegstrecke, die bei der Stadt Karchham am Zusammenfluss von Baspa und Sutlej am linken Flussufer des Sutlej beginnt. Nach einem beschwerlichen und serpentinenreichen vierstündigen Anstieg der Straße kommt man in ein offenes Tal, das fast so fruchtbar wie das Sutlej-Tal ist: Beiderseits des Flusses gibt es grünes Weideland, übersät mit Blumen und Obstbäumen. Der Baspa entspringt am Chung-Sakhago-Pass, der das Phawarang-Massiv (6349 Meter) durchschneidet. Begrenzt wird das Tal im Südosten von den eisigen Bergen des Garwhal und im Nordwesten von den Ketten des heiligen Kinner Kailash (6050 Meter). Nach dem

Zweiter Ausgangsort für Expeditionen in den Westhimalaya war Srinagar in Kaschmir: Einzigartige Holzmoscheen und viele freitragende Brücken über den Jhelum, an die früher zum Teil Läden angebaut waren, prägen das Stadtbild.

Oben: *Fateh-Kadal-Brücke mit Shah-Hamdan-Moschee im Hintergrund. Foto: Anonym, um 1880. Sammlung van Ham.* Unten: *Typische Häuserzeile entlang des Jhelum mit dem von Mogulkaiser Akbar im 16. Jahrhundert errichteten Fort Hari Parbhat im Hintergrund. Foto: G. Mangold, 1984.*

Kailash in Tibet gilt dieser Berg als der zweitheiligste des Himalaya, denn man glaubt, dass der Hindugott Shiva diesen Gipfel zu seiner Sommerresidenz erwählt hat. Das Baspa-Tal ist Teil der Parikrama, der Wallfahrt, bei der früher die Pilger zunächst den Kinner Kailash und in Tibet dann den Kailash umrundeten. Vom Baspa-Tal aus kann ein weiterer heiliger Ort erreicht werden: die Gangesquelle, zu der man in einem Marsch von wenigen Tagen über den Lamkhaga-Pass (5284 Meter) in den südöstlichen Garwhal-Bergen gelangt.

Nur wenige Siedlungen finden sich im Baspa-Tal, darunter aber eine von Kinnaurs bedeutendsten, das eindrucksvolle Kamru, Hauptsitz der ehemaligen Rajas von Bushair, des Königreichs der Vereinigten Gebiete von Kinnaur. Ebenfalls bemerkenswert ist das am Ende des Tals auf einer Höhe von 3475 Metern gelegene Chitkul, ein wunderschönes Dorf mit einer großen Anzahl bis zu 500 Jahre alter Holztempel.

Das drittgrößte und nördlichste Tal in Kinnaur ist das Hangrang-Tal, das in seinem Charakter das genaue Gegenteil des Sutlej-Tals ist. Ungefähr 32 Kilometer lang erstreckt es sich zu beiden Seiten des Spiti-Flusses und ist nahezu vegetationslos. Ganz im Gegensatz zu den immergrünen Wäldern der tiefer gelegenen Gebiete sind seine Hänge weitestgehend unfruchtbar. Der größte Ort heißt Hango und das höchstgelegene Dorf ist Sumrah auf 3660 Metern. Im Vergleich zu seiner Ausdehnung ist Hangrang mit nur acht Ortschaften das am dünnsten besiedelte Tal Kinnaurs. Die auf bis zu 3960 Metern Höhe liegenden Felder bei Nako liefern ausreichende Ernten, wobei es in dieser großen Höhe nur auf Grund der starken UV-Strahlung möglich ist, Gerste und Erbsen anzubauen.

Südlich des Hangrang-Tals liegt die schroffe und nur von unwegsamen Pfaden durchzogene Tidong-Senke, die Hangrang- und Baspa-Tal verbindet. Aufgrund ihrer Höhe, der vielen Schluchten, Abbrüche, Höhlen und überall verstreuten Findlinge ist ihr Terrain nur außerordentlich schwierig zu begehen. Nur drei Dörfer gibt es hier, die höchstgelegene Ortschaft ist das interessante Charang mit einem bedeutenden buddhistischen Kloster.

Gegenüber von Tidong liegt das Ropa-Tal, das man vom rechten Ufer des Sutlej aus erreicht. Das besiedelte Gebiet entlang des Shi-Asu-Flusses ist etwa 13 Kilometer lang, wovon ungefähr die Hälfte zu landwirtschaftlicher Nutzung geeignet ist. Im Rest des Tals ist außer verkümmerten Kiefern und Birken Holz nur spärlich vorhanden. Drei Hauptortschaften finden sich hier: Ropa, Gyabung und Somang. Nach Ropa kann man vom Sutlej oder über Pfade vom kleinen, bewaldeten Wangtu-Tal aus gelangen. Über den 5400 Meter hohen Pin-Parvati-Pass hat man von Ropa aus direkten Zugang zum Pin-Tal in Spiti.

Die übrigen Täler mit den Namen Gyanthing oder Nesang, Pejur oder Leppa, Kashang, Mulgaon und Yula liegen im Süden Kinnaurs. Sie besitzen reiche Weidegebiete für Schafe und Ziegen und sind dicht mit Deodar-Zedern und Kiefern bewaldet.

Aufgrund seiner geografischen Lage und des charakteristischen Reliefs weist Kinnaur zwei unterschiedliche Klimazonen auf – eine feuchte und eine trockene. Lediglich das Gebiet südlich der Himalaya-Hauptkette, das Sutlej- und das Baspa-Tal, erhält Monsunregen. In den höher gelegenen Gegenden des Distrikts nimmt das Niederschlagsvolumen kontinuierlich ab. Im Gebiet von Spello und Kanum, die 255 Kilometer nordöstlich von Shimla liegen, kann man deutlich den Beginn der vollständig ariden Zone erkennen. Recong Peo, die Distrikthauptstadt Kinnaurs, ist der Ort, an dem die Himalayakette den Monsun stoppt. Von hier aus wird die Vegetation zusehends spärlicher, bis sie schließlich nur noch entlang des Sutlej vorhanden ist. Der raue Winter mit schweren Schneestürmen dauert von Oktober bis Mai, so dass den Pflanzen lediglich der kurze Sommer zwischen Juni und September für ihr Wachstum bleibt. Das Gesamtgebiet dieser großartigen und eigentümlichen Gegend namens Kinnaur umfasst 6553 Quadratkilometer; die Volkszählung von 2001 registrierte 84 000 Bewohner, was einer durchschnittlichen Bevölkerungsdichte von knapp 13 Personen pro Quadratkilometer entspricht.

DIE MENSCHEN KINNAURS

Obwohl die klimatischen Bedingungen Kinnaurs als äußerst hart zu bezeichnen sind, haben sich seine Menschen gut an ihre Umgebung angepasst, was sich an ihren starken und doch feinen natürlichen Merkmalen, wie sie typisch für viele Bergvölker sind, ablesen lässt. In den Gegenden unterhalb Kalpas zeigen die Gesichter der Menschen persische Züge, was auf eine Verwandtschaft mit anderen indo-arischen Bevölkerungen des Himalaya (z.B. den Minaro, siehe Kapitel »Dah-Hanu«, Seite 221) schließen lässt. In den nördlichen Gebieten dominieren tibetische Einflüsse. Dementsprechend unterscheiden sich auch die Gewohnheiten südlich und nördlich der Monsungrenze, wobei beide Gebiete auf ihre Weise einzigartig sind, was sich nicht nur in der Architektur, sondern auch in den Sprachen, im reichen Volksgut und im Geschichtenschatz äußert, in Liedern, Tänzen, Märkten, Trachten, Ornamenten und Festlichkeiten.

Das bedeutendste dieser Feste ist das Phulaich oder Ukhyang, das in ganz Kinnaur zu unterschiedlichen Terminen gefeiert wird, die von der Blütezeit vor allem der Shullo-Blume, einem lokalen, stark duftenden Hochgebirgsgewächs, abhängig sind. Als Höhepunkt des Festes bringen zehn Angehörige der Kriegerkaste die Blumen von kurz unterhalb der Schneegrenze ins Dorf, wo sie zu Kränzen für die lokalen Gottheiten gebunden werden. Man schmückt mit ihnen Schreine und Abbilder, die so zum Leben erwachen und um das Dorf und die Felder getragen werden. Zum Abschluss des Festes opfert man den Göttern einen Widder oder einen Ziegenbock. Natürlich wird dabei unter dem Einfluss von Chang, dem ortsüblichen, aus Gerste gebrauten Bier, viel ge-

Vorherige Doppelseite: *Der kilometertiefe Abbruch bei Chini gegenüber dem Massiv des Kinner Kailash. 1866 nur durch ein Handgeländer gesichert, ist aus dem schwindelerregenden Fußweg 1998 eine für Geländewagen befahrbare Piste geworden, die jedoch nichts von ihrem Schrecken verloren hat. Foto S. 44: S. Bourne, Sammlung Siegert.*

Oben und unten links: *Obwohl nur an der Südgrenze Kinnaurs gelegen, verkörpert der Bhimakali-Tempel von Sarahan, ehemaliger Sitz des Rajas von Bushair, bereits die Essenz der einzigartigen kinnaurischen Bauweise: in Schichten aus abwechselnd grob behauenem Naturstein und Deodar-Zederbalken errichtete Bauwerke, die geschwungene, mit Schieferschindeln gedeckte Rutschendächer tragen. Die getriebenen Silberplatten seiner Tore zeigen sowohl hinduistische Gottheiten wie auch buddhistische Symbole. Foto oben links: B.P. Lal 1909, Courtesy: Friends of the Kern Institute, Leiden (P-038899). Foto oben rechts: G. Gessinger 1995.*

Unten rechts und gegenüber: *Noch heute sieht man in den Dörfern Kinnaurs – hier Chaura, malerisch auf einem schmalen Grat unterhalb der Hindustan-Tibet-Road liegend und den Sutlej überblickend – Frauen mit dem typischen Thepang-Hut und gekleidet im Woll-Chhanli auf traditionelle Art Wollfäden spinnen, indem sie die Spindeln von den Dächern ihrer Häuser herabgleiten lassen.*

Die Konstruktionen (Jhulas), mit deren Hilfe die Kinnauri die zahlreichen Flüsse ihres Landes überqueren, wurden vom schwedischen Asienforscher Sven Hedin während seiner Reisen zu Beginn des 20. Jahrhunderts als »gute Orte für Leute mit Selbstmordabsichten« bezeichnet. Foto oben: B.P. Lal 1909, Courtesy: Friends of the Kern Institute, Leiden (P-038916).

tanzt, und es ertönt die archaische himalayische Musik, gespielt von den nasal klingenden Oboen, den mittelalterlich anmutenden Hörnern und den markerschütternden Trommeln. Das Phulaich-Fest zeigt erstaunliche Parallelen zum Bononah der Minaro (siehe Kapitel »Dah-Hanu«, Seite 232).

Getreide ist das Grundnahrungsmittel der Kinnauri. Neben Weizen, Gerste und Mais bereichern Hülsenfrüchte wie Erbsen, Linsen und Bohnen den kinnaurischen Speisezettel, außerdem weitere Gemüse wie Kohl, Rüben, Kürbis, Kartoffeln und Tomaten. Die meisten Kinnauri genießen auch Ziegen- und Widderfleisch, lediglich zwei Prozent der Bevölkerung sind Vegetarier. Kinnaur ist in ganz Indien für seine köstlichen Äpfel und Aprikosen bekannt, die auch zu Weinbränden und Likören destilliert werden. In der Gegend von Morang und Ropa wird sogar Wein aus Trauben gewonnen. Alkohol konsumiert man zu den Mahlzeiten und im Verlauf von Festen wie Toshing (»zusammensitzen«) – ein einwöchiges »Erholungsfest«, das in ganz Kinnaur gefeiert wird – oder anlässlich von Opferzeremonien für die Götter.

Die tiefer gelegenen Teile von Kinnaur stellen einen Schmelztiegel für eine Vielzahl unterschiedlicher Einflüsse dar. Der Süden Kinnaurs kann als eine Übergangszone zwischen dem Hinduismus der indischen Tiefebene, einem einzigartigen Animismus lokaler Prägung, und dem Buddhismus, wie er im Bergland vorherrscht, betrachtet werden. Neben dieser an sich schon interessanten Kombination der Religionen verdient besonders der Animismus Kinnaurs als etwas vollkommen Eigenständiges Beachtung. Für die Kinnauri war ursprünglich jeder Baum, jeder Strauch, jeder See von einer Devi, einer Gottheit bevölkert. Der hinduistische Einfluss brachte die Bewohner dazu, ihre vielen Gottheiten zu »klassifizieren«, so dass heute grob vier Gruppen von Gottheiten verehrt werden: der Klan der Banasurs, die Narayans, die Nagas und verschiedene andere Einzelgötter. Die acht Gottheiten des Banasur-Klans entsprechen der Anzahl der Distrikte Kinnaurs. Nach anderen Traditionen sind es jedoch siebzehn Banasur-Götter, die man verehrt. Die Narayans sind eher in den südlichen Landesteilen vertreten; der mächtigste Gott dieses Klans regiert über Kamru im Baspa-Tal. Der Ursprung der Nagas, der Schlangengottheiten, ist eng mit dem Wasser verbunden. Meist werden ein See oder ein Teich hoch oben auf den Almen als Wohnstätte einer Naga angesehen. Der Naga-Glaube stellt die ursprünglichste Form der Götteranbetung Kinnaurs dar, die auf der Verehrung der Bäume und des Waldes basiert. Die Einzelgötter sind lokale Dorfgottheiten, die untereinander keinerlei Verwandtschaft aufweisen. Die ihnen zugeschriebenen Eigenschaften sind mit dem römisch-griechischen Götterkult vergleichbar. Sie sind keine entrückten Wesenheiten, sondern verkörpern all die Eigenschaften menschlichen Lebens wie Liebe, Hass, Gier, Eifersucht und Freude. Dies gilt im Übrigen zumeist auch für die Vertreter der anderen Götterklassen. Durch den Dorfpriester und Trance-Orakel verschaffen sich die Gottheiten Gehör. Sie bestimmen den Festtagskalender, die notwendigen Rituale, sagen das Wetter voraus und den Ausgang der

Ernte, erkennen Krankheiten und Möglichkeiten fruchtbaren Lebens, schlichten Streitigkeiten und wirken in alle Facetten des Dorflebens hinein. In den Tempeln sind sie als gehämmerte Silber- oder Messingmasken gegenwärtig, die auf einer wollfädenverhangenen Ratha, einer Sänfte, gruppiert werden. Tritt ein Gläubiger mit einer Frage an die Gottheit heran, heben Repräsentanten auserwählter Familien die Sänfte in die Höhe und fangen an, diese zu schaukeln. Die Richtung der Schaukelbewegung wird als Antwort der Gottheit gedeutet. Es ist faszinierend, wie intensiv die Kinnauri ihre eigene Religion noch immer ausüben – eine Dokumentation derselben ist jedoch fast unmöglich, da bereits den vorsichtigsten Fotografierversuchen meist mit Vehemenz entgegengetreten wird.

In den Gebieten nördlich von Poo ist wie die Religion auch die Lebensweise der Kinnauri ganz tibetisch geprägt. Dies betrifft den Festkalender, Hochzeits- und Todesrituale, die Essgewohnheiten und die Baustile (vgl. das Kapitel »Spiti«, Seite 69ff.). Die vorherrschenden Sprachen dieser Grenzregionen sind westtibetische Dialekte. In Südkinnaur gibt es eine eigene Kinnauri-Sprache, genannt Homskad, von der nicht weniger als neun Dialekte in den verschiedenen Tälern, manchmal innerhalb einzelner Dörfer existieren.

Aufgrund des unterschiedlichen Klimas unterscheidet sich der Baustil im Süden Kinnaurs wesentlich von dem des Nordens, da im Süden genügend Holz zur Verfügung steht und es oft regnet. Die meisten Häuser sind zweigeschossig, wobei das Obergeschoss als Wohnung genutzt wird und das Erdgeschoss zur Unterbringung des Viehs dient: Ziegen, Schafe, Dzo (Yak-Rind-Kreuzungen), Maultiere, Esel und Pferde finden hier Schutz vor Witterung und Raubtieren. Das Wohngeschoss hat ausladende Balkone, die meist reich mit Schnitzereien verziert sind; diese zeigen Symbole wie Sonnenräder, Blumen, Schutztiere und geometrische Ornamente. Die in den tieferen Lagen Kinnaurs zum Hausbau verwendeten Materialien sind grob behauene Natursteine, die in Wechsellagen mit Deodar-Zederlatten verarbeitet werden. Das hervorstechendste Merkmal eines Kinnauri-Hauses ist sein Dach aus Schieferschindeln. Es besteht aus Schichten von nebeneinander angeordneten quadratischen Schindeln, deren Stoßfugen von Schieferdreiecken überdeckt werden. Ihre Spitzen zeigen zur Traufe, werden aber an der Vorderkante der Lage stumpf abgeschnitten. Der Neigungswinkel des ganzen Daches ist relativ steil, damit das Regenwasser leicht ablaufen kann. Die geschwungenen Dächer Kinnaurs wurden als Zeugnis chinesischer Einflüsse angesehen, doch es existieren weder Aufzeichnungen über einen Kontakt mit China, noch gibt es andere Spuren der chinesischen Kultur in Kinnaur. Die Dächer wurden wohl eher aus klimatischen Notwendigkeiten zu dieser ästhetisch verfeinerten und zugleich funktionalen Form entwickelt. Und schließlich findet man Schieferschindeldächer, die denen von Kinnaur sehr ähnlich sind, auch in anderen regenreichen und gebirgigen Gegenden der Welt, etwa in den alpinen Regionen Österreichs und der Schweiz.

Zwei seltene Aufnahmen von kinnaurischen Göttermasken (Mohre) auf ihren Prozessionswagen. Als Babu Pindi Lal 1909 in Kotgarh seine Aufnahme machte (Foto oben), hatte ihm die Priesterschaft noch die Erlaubnis dazu verweigert. Trotzdem gelang es ihm, ein Foto zu machen (vgl. Francke 1914, S. 2). Courtesy: Friends of the Kern Institute, Leiden (P-038887). Foto unten: H. Weihreter 1993.

Ebenso wie die ethnische Zusammensetzung der Bevölkerung Kinnaurs ist ihre Religion eine einzigartige Mischung: Ursprünglich animistisch in der Verehrung von Naturgottheiten und Fruchtbarkeitsprinzipien, haben Einflüsse des Hinduismus von Süden und des Buddhismus von Norden der lokalen Spiritualität eine von Toleranz zeugende Vielfalt gegeben.

Oben links: *Eine Frau aus Poo im Gebet.* Mitte: *Phallusartiges Fruchtbarkeitssymbol am Vishnu-Tempel von Chini.* Rechts: *Abwehrschnitzerei eines Tigers am Eingang zum Vishnu-Tempel.*

Gegenüber: *Chitkul im Baspa-Tal verfügt über mehrere, über 500 Jahre alte Stein-Holz-Tempel im typisch kinnaurischen Stil. Seltener geworden sind die gestuften Pyramidendächer, wie Lal sie noch 1909 in Sungra fotografieren konnte. Foto rechts: Courtesy: Friends of the Kern Institute, Leiden (P-038902).*

Gegenüber: *Die drei aus dem 8. Jahrhundert stammenden, über und über mit Schnitzereien verzierten Vishnu-Tempel Chinis sind auch einer lokalen Schlangengottheit geweiht. Makaras, mythische Seeungeheuer, sowie Krokodile sind an den Dachfirsten dargestellt, die entfernt an norwegische Stabkirchen erinnern. Die wilden Ungeheuer, also die bösen Geister, sind gezähmt, dies symbolisieren die auf ihnen sitzenden Vögel. Jeden Morgen verrichtet der Pujari, der lokale Priester, die notwendigen Rituale. Bei wichtigen Anlässen wird das Götterbildnis auf seiner Sänfte aus dem Tempel herausgetragen und spricht zu den Menschen durch ein Medium.*

Rechts: *Chini war einst der südlichste Ort unter dem aus Westtibet kommenden buddhistischen Einfluss. Dies verraten das unmittelbar neben dem Tempel liegende buddhistische Kloster und die vielen tibetischen Symbole wie Chörten und Gebetsfahnen auf den Dächern der Häuser. Wie ein Symbol der in Kinnaur allen Orts gelebten Religionstoleranz scheint dieser Holzchörten auf den Shivling zu verweisen, einen Gipfel im Kinner-Kailash-Massiv, den die Hindus als Sommersitz ihres Gottes Shiva verehren.*

Die Stockwerke der kinnaurischen Häuser bestehen zumeist nur aus einem Raum – auch das Obergeschoss, in dem sich das gesamte Familienleben abspielt. Der Herd (Mieling) befindet sich in der Mitte des Raumes und ein Loch (Dusrang) dient zugleich als Rauchabzug und Lichtquelle. Die Fußböden bestehen aus Holzbalken, die Wände sind mit einer Mischung aus Lehm und Kuhdung verputzt und mit einer Art glänzendem Glimmer geweißt. Die Menschen schlafen in der Regel auf dem Boden auf Matten und Schaf- oder Ziegenfellen, die Khera genannt werden. Gebrauchsgegenstände und Kleidung sowie Getreide werden in den einzigen Möbeln eines Kinnauri-Hauses aufbewahrt: Holzkisten und ausgehöhlten Baumstämmen (Khanda). Im Allgemeinen leben in einem Kinnauri-Haus nicht nur Vater und Mutter mit ihren direkten Nachkommen, sondern auch Großeltern, Brüder, Onkel und Neffen der gleichen Abstammung. Dieses System des Familienverbundes, das sich auch auf die gemeinschaftliche Besitzverteilung erstreckt, gerät durch das Vordringen der modernen Zivilisation mehr und mehr unter Druck.

Eine besondere Sitte Kinnaurs, die vor allem in Gegenden vorherrscht, in denen auf Grund der klimatischen Bedingungen Eigentum an Grund und Boden begrenzt ist, ist die Polyandrie, die Ehe einer Frau mit mehreren Männern. Obwohl seit den 1950er-Jahren von der indischen Regierung verboten, war sie in Kinnaur durchaus noch bis in die jüngste Zeit verbreitet. Über Jahrhunderte hinweg stellte die »Vielmännerei« einen gewissen Wohlstand für die Familien sicher, da sie Überbevölkerung und die Zersplitterung in winzige Ackerbauflächen verhinderte. Durch die vermehrt vorhandene Arbeitskraft, die eine größere Anzahl Männer in einem Haushalt mit sich brachte, konnte die anfallende Arbeit besser auf alle verteilt werden. Sie wurde dadurch auch erleichtert, vor allem für die Frauen. Als noch die Thakure, die lokalen Fürsten herrschten, wurde die Institution der polyandrischen Familie unterstützt und sogar Strafen für die Teilung von Eigentum eingeführt. Die Übereinkunft bezüglich ehelicher Beziehungen in einer polyandrischen Familie mag schwierig und befremdlich erscheinen, aber in der Praxis ist es das nicht. Normalerweise werden alle Ehemänner als die Väter jeden Kindes anerkannt. Der älteste der Ehemänner heißt Teg-Boba (»älterer Vater«), die anderen werden Jigich-Bobas (»jüngere Väter«) genannt. In Kinnaur handelt es sich stets um Brüder, die eine Ehegemeinschaft mit einer Frau eingehen. Der Teg-Boba, das Familienoberhaupt, geht meist außer Haus verschiedenen Arbeiten nach. Der Jigich-Boba kümmert sich im Allgemeinen um die Herden; wenn es noch einen anderen jüngeren Bruder gibt, ist dieser als Händler tätig oder arbeitet ebenfalls außerhalb. In der Praxis passiert es nicht häufig, dass alle Brüder gleichzeitig zu Hause sind. Die besondere Stellung der Frau in einer derart gestalteten Familie hat ihr zu einem besonderen Status in der kinnaurischen Gesellschaft verholfen, den man als »gleichberechtigt, aber auch gleichverpflichtet« bezeichnen könnte. Daher kommen ihr neben ihren Verpflichtungen im Haushalt mindestens ebenso zahlreiche außerhäusliche Arbeiten wie Lasten tra-

Oben: *James Baillie Fraser (1783–1856), der erste Europäer, der 1815 Kinnaur bereiste, bewunderte die Regelmäßigkeit der kinnaurischen Schieferschindeldächer, bei denen lange, gleichschenklige Dreiecke, deren Ecken gerade abgeschnitten sind, die Stöße zwischen den quadratischen Schieferplatten darunter abdecken (Chini).*

Gegenüber und unten: *Wie viele Tempel in Himachal ist auch der im alten Fort von Kamru im Baspa-Tal einer Naga gewidmet, einer eng mit Fruchtbarkeit assoziierten Schlangengottheit. Hier ist deren Abbild als Bronzebüste auf die Tür genagelt, die von einer Messingplatte mit unterschiedlichen getriebenen Motiven wie diesem Wassermonster (Makara) bedeckt ist. In Chitkul weisen die der ebenfalls schlangenförmigen Muttergottheit Mata Devi gewidmeten Tempel Holzleisten auf, deren Schnitzereien an keltische Spiralmotive erinnern.*

Dorfeingänge (hier Rarang und Labrang) weisen bereits im hinduistischen Teil Kinnaurs tibetisch beeinflusste Durchgangschörten (Kankani) auf, die innen oft mit Mandalas bemalt sind. Foto oben: B.P. Lal 1909, Courtesy: Friends of the Kern Institute, Leiden (P-038905).

gen, Unkraut jäten, Feldfrüchte ernten, Wasser holen et cetera zu. Lediglich das Pflügen wird allein den Männern überlassen.

Die Polyandrie führte stets zu einem Überschuss an Frauen, die unverheiratet blieben. Meistens wurden sie Nonnen (Chomo) und lebten in Klöstern oder mit der Familie ihrer Eltern. Seit die Männer aufgrund verbesserter Beschäftigungsmöglichkeiten in den Distrikt-Verwaltungsbüros und deren zahlreichen Dienststellen oder im Straßenbau sozusagen direkt vor der Haustüre Arbeit finden, geht die Polyandrie zurück. Früher waren die verschiedenen Ehemänner so gut wie niemals zur gleichen Zeit bei ihrer Familie, doch nun ist es dazu gekommen, dass häufig alle anwesend sind. Diese veränderte Situation wird zu einer ständigen Quelle für Streitigkeiten unter den Männern, was das Leben der Frau des Hauses natürlich beträchtlich erschwert. Immer öfter kommt es daher zu Trennungen, und die Monogamie ist nicht mehr länger nur die Ausnahme. So dürfte die Polyandrie in Kinnaur bald der Vergangenheit angehören.

Obgleich Kinnaur aufgrund seiner abgeschiedenen Lage vom übrigen Indien weitgehend isoliert war (woraus die komplette Selbstversorgung der kinnaurischen Gesellschaft resultiert), trieben die Menschen doch stets Handel mit Indien und Tibet. Handelsgüter aus Kinnaur waren unter anderem Holz, Weihrauch, Gewürze, Decken, Wollkleidung und die für die tibetisch-buddhistischen Rituale wichtigen Yak-Schwänze. Im Gegenzug erwarben die Kinnauri Salz, Yak- und Ziegenwolle, verschiedene Medikamente und Tee von den Tibetern. Auch mit Ladakh wurde gehandelt: Silber und Edelsteine sowie Safran aus Kaschmir kaufte man in Leh oder von Ladakhi, die nach Kibber im benachbarten Spiti gekommen waren. Kinnauri fungierten als Kuriere zwischen Indien und Tibet, ebenso zwischen Tibet und Kaschmir; sie reisten in Gruppen von fünfundzwanzig Leuten und verkehrten jahrhundertelang auf den Handelsrouten von Leh in Ladakh nach Yarkand, Lhasa und Nepal. Der kommerzielle Handel zwischen Indien und Tibet in großem Stil ist unglücklicherweise zum Erliegen gekommen, seitdem die Chinesen Tibet besetzt halten, wodurch auch der Wohlstand in vielen der angrenzenden Nachbarstaaten merklich zurückgegangen ist. Durch die uralten Handelsbeziehungen zu den zwei großen Nachbarn Indien und Tibet gelangten jedoch die wichtigsten Einflüsse nach Kinnaur: der Hinduismus und der Buddhismus. Diese beiden Weltreligionen formten zusammen mit dem speziellen animistischen Glauben der Kinnauri die kulturelle Identität dieses Volkes, die sich vor allem durch Friedfertigkeit und Harmonie innerhalb der Gesellschaft auszeichnet. Nicht ein einziges Verbrechen ist in den Verwaltungsberichten vermerkt, nicht einmal seit dem Beginn der modernen Entwicklungen, denen Kinnaur seit kurzem unterworfen ist.

GESCHICHTE

Der Ursprung des kinnaurischen Volkes und seine frühe Geschichte verlieren sich im Nebel der indischen Mythen. Fast alle heiligen Bücher, seien es die Vedas, die Puranas, das Ramayana- oder das Mahabharata-Epos, erwähnen das Land und seine Bewohner. Sie werden als etwas beschrieben, das in künstlerischen Darstellungen mythologischer Themen nicht nur in Indien, sondern in ganz Süd- und Südostasien zu einem eigenständigen festen Begriff geworden ist: als Kinnaras – halb göttliche, halb menschliche Wesen. Andere Texte beschreiben sie als halb Mensch, halb Vogel. Dies rührt von einer typischen Charakteristik des kinnaurischen Volkes her, nämlich seiner Liebe zu Gesang und Tanz. Sogar heute noch sind die Kinnauri in ganz Indien für ihre schönen, hohen Stimmen (Kinner kanthi) bekannt. Das Mahabharata-Epos erwähnt Kinnaur als den Aufenthaltsort der Pandavas, fünf göttlicher Brüder, die sich während ihrer Herrscherzeit auf Erden einst in die Berge zurückzogen. Sie teilten sich dieselbe Frau mit Namen Draupadi – ein Mythos, von dem die Kinnauri noch immer ihre brüderlich-polyandrische Sitte ableiten. Die Puranas beschreiben Kinnaur als ein heiliges Reich, in dessen Mitte ein Fluss aus Honig fließt. In dieser Berggegend würden die Bewohner, deren Gesichtsfarbe erhitztem Gold gliche, stetig von diesem Honig trinken und befänden sich deshalb in einem glücklichen Zustand immerwährender Gesundheit und Lebensfreude.

Das heutige Kinnaur ist das Überbleibsel dieses legendären und mythologischen Landes, das einst Kinnerdesh genannt wurde. Seine Einwohner kamen sehr wahrscheinlich in Kontakt mit der Kultur der Arier, als diese von Süden und Westen in die Bergregionen eindrangen. Im Laufe der Zeit gab es weitere Invasionen, so dass die Kinnauri aus ihrem Land in höher liegende Gebiete, ihren heutigen Lebensraum, zurückgedrängt wurden.

Vom 6. Jahrhundert v.Chr. an wird Kinnaurs Geschichte bestimmt durch den Wechsel zwischen einer Autonomie des Landes und der Angliederung an eines der zahlreichen indischen Imperien. In den Zeiten der Autonomie regierten Thakure, lokale Herrscher, über kleine Landstriche. Diese Regentschaften werden anschaulich dokumentiert durch festungsartige Türme in jeder größeren Ortschaft. Von diesen Türmen aus war es möglich, sich nähernde Feinde schon in großer Entfernung zu entdecken. Der mächtigste der Thakure war der legendäre Dev Purna, Prinz des im Baspa-Tal liegenden Kamru, der im 7. Jahrhundert n.Chr. alle anderen Regenten unterwarf und das vereinigte Reich von Bushair aufbaute. Interessant ist, dass alljährlich während örtlicher Festlichkeiten die Pujari, Priester der lokalen Gottheiten, die Geschichten über den mythologischen Herrscher Dev Purna wieder erzählen. Im Zustand der Trance agieren sie als Sprachrohr der Götter und preisen den Ruhm des berühmten Herrschers.

Im Laufe der Jahrhunderte wurde der Sitz des Thakurs aufgrund der Entwicklungen in den nördlichen Regionen des Landes von Kamru über Sarahan nach Rampur,

Der Platz vor dem Tempel des Übersetzers von Poo soll, nach Francke, bis zum Beginn des 20. Jahrhunderts noch für Menschenopfer gedient haben – eine Praktik, die in vielen Teilen Indiens und der Welt mit Fruchtbarkeitskulten einherging. Die phallische, mit tibetischen Lettern versehene Steinstele steht noch heute. Foto oben: B.P. Lal 1909, Courtesy: Friends of the Kern Institute, Leiden (P-038914).

Poo beherbergt eines der ältesten bekannten illuminierten tibetischen Bücher, das aus Westtibet stammen soll und auf das 11. Jahrhundert datiert wird. Jede der 303 Seiten des Prajnaparamita-Manuskripts weist im Zentrum die Miniatur eines Buddhas auf; auf den ersten zwei Seiten finden sich zwei bzw. vier quadratische Miniaturen. Das mit Gold geschriebene Titelblatt zeigt den in Sarnath predigenden und der Versuchung Maras widerstehenden Buddha. Der Glanz der Malereien, die in brillanten Primärfarben ausgeführt und danach aufpoliert wurden, wird durch zusätzlich aufgetragene Goldapplikationen noch verstärkt.

Der Norden Kinnaurs an der Grenze nach Tibet ist nahezu vegetationslos. Nur durch die Bewässerung mittels der im Frühjahr abschmelzenden Gletscher können in den buddhistischen Dörfern wie Namgya und Nako Gerste oder Erbsen angebaut werden. Schon von Weitem begrüßen diese Siedlungen den Reisenden mit Mani-Mauern und Durchgangschörten. Foto links oben: B.P. Lal 1909, Courtesy: Friends of the Kern Institute, Leiden (P-038908).

In Nako steht ein bedeutender, mit Rinchen Zangpo assoziierter Tempelkomplex aus der ersten Hälfte des 12. Jahrhunderts. Sein ikonografisches Hauptthema ist das Vajradhatu-Mandala mit Buddha Vairochana in der Mitte (gegenüber rechts). *Ein weiterer üppiger Schrein mit einer Lehmfigur der Prajnaparamita* (gegenüber links) *nimmt einen separaten Wandbereich ein, und große Mandalas mit feinen Miniaturen in kaschmirischem Stil bedecken die Tempelwände.*

der südlichsten Stadt Kinnaurs, verlegt. Wegen ihrer Unzugänglichkeit von Süden her (mit praktisch nur einem gefährlichen Pfad, der hoch über dem Sutlej nach Norden führte) und der viel leichteren Erreichbarkeit von Norden aus begannen die Gebiete Hochkinnaurs, sich für die Einflüsse des westtibetischen Königreiches von Guge zu öffnen. Für die im Süden angesiedelten Herrscher wurde es immer schwieriger, die Nordprovinzen zu kontrollieren, obwohl viel Wert darauf gelegt wurde, den Herrschaftsanspruch des Rajas von Bushair deutlich zu dokumentieren, indem man ihn jedes Jahr nicht nur in Rampur, sondern auch in Kamru wieder inthronisierte. Dies konnte jedoch nicht verhindern, dass der Norden Kinnaurs relativ unabhängig war und durch den florierenden Grenzhandel mit Tibet einen gewissen Wohlstand für sich erreichte.

Bis zum 14. Jahrhundert war Kinnaur (oder Bushair, wie es damals genannt wurde) unabhängig. Ab diesem Zeitpunkt ist die kinnaurische Geschichte durch Landgewinne und -verluste unter den verschiedenen Herrschern des Landes, die alle dem Geschlecht der Singh entstammten, charakterisiert. Erst zu Beginn des 19. Jahrhunderts wird das Eindringen von Fremden dokumentiert. Es waren die nepalesischen Gurkhas, die raubend durch Kinnaur zogen, die Staatsschätze plünderten und viele der historischen Aufzeichnungen dieser Gegend zerstörten, um fortan Bushair zu kontrollieren. Diesen folgten die Briten, die nach ihrem Sieg über die nepalesischen Gurkhas im Jahre 1815 die Herrschaft im Land ausübten. Bushair wurde den Briten gegenüber tributpflichtig, und lokale Fürsten, die dem britischen Empire genehm waren, übernahmen, von den Briten eingesetzt, die Tagesgeschäfte. Erst 1917 erhielt Raja Padam Singh die volle Macht über das Land zurück, woraufhin er fortschrittliche Verwaltungsreformen einleitete, vor allem im Justizwesen, in der Polizei und im öffentlichen Gesundheitswesen. Er übte immer noch die Herrschaft aus, als Indien 1947 unabhängig wurde. 1960 wurde dann das heutige Kinnaur ein Distrikt des indischen Bundesstaates Himachal Pradesh. Padam Singh hinterließ zwei Söhne, von denen der ältere, Virbhadra Singh, der bislang letzte Raja von Bushair, bis vor kurzem das Amt des Ministerpräsidenten von Himachal Pradesh bekleidete.

Im gesamten Westhimalaya anzutreffen und in Kinnaur besonders stark ausgeprägt ist der Drei-Chörten-Kult (Rigsum Gompo). In ihm werden die drei Beschützer der Bodhisattva-Familien – Vajrapani, Manjushri und Avalokiteshvara – sowie deren Tugenden Stärke, vollkommene Weisheit und mitleidvolle Barmherzigkeit symbolisiert. Zusätzlich stehen sie für die drei verschiedenen Gruppen von Gottheiten und Dämonen, die es zu besänftigen gilt: Nagas, Dämonen der Felsen und Lüfte sowie Götter.

Oben: *Lhalung (Spiti)*. Unten: *Poo (Kinnaur)*. Gegenüber: *Karsha (Zanskar)*.

SPITI

BUDDHAS BERGWÜSTE

Der Name Spiti (tib.: sPiti) bedeutet »Mittelland« – Land zwischen Indien und Tibet. Es besteht aus vier Regionen, die von der Bevölkerung Sham, Pin, Bhar und Tud genannt werden. Sham ist der östliche Teil Spitis, die tiefer gelegene Region zu beiden Seiten des Spiti zwischen seinem Zusammenfluss mit dem Lingti und seiner Kreuzung mit dem Pare Chu. Es ist ein raues Gelände mit steilen Bergwänden, die dem Flusslauf nur einen schmalen Streifen lassen. Hauptort dieses Teils des Landes und von überregionaler Bedeutung ist Tabo, berühmt für seine mehr als 1000 Jahre alte Klosteranlage. In Sham befindet sich zudem Dhankar, die alte Hauptstadt Spitis, eine eindrucksvolle, festungsartige Siedlung, ausgesetzt auf einem steilen Grat mit grandiosem Ausblick auf die Mündung des Pin in den Spiti. Die Region Pin nimmt den südöstlichen Teil Spitis ein, entlang des in nordsüdlicher Richtung verlaufenden Flusses gleichen Namens. Im Pin-Gebiet liegen zehn Ortschaften; Zentrum ist Guling mit dem Kloster Gungri, dessen Fundamente auf das 8. Jahrhundert zurückgehen. Pin ist die Heimat der mysteriösen Buchen-Lamas. Bhar, die mittlere Region, nimmt den Raum zwischen dem Lingti-Tal und dem Gebiet oberhalb des Distriktverwaltungsortes Kaza ein. Hier ist das Bett des Spiti am breitesten, und das Tal lässt dem Fluss einige Kilometer Raum, um sich auszudehnen. Neben Kaza, Spitis größter Ortschaft, erhält Bhar seine Bedeutung durch das größte Kloster Spitis, Kye Gompa, sowie durch den zweitschönsten Tempel Spitis, den Serkhang von Lhalung im Lingti-Tal. Tud, die höchstgelegene Region, umfasst die westlichen, an Bhar grenzenden Gebiete bis zum Kunzum-Pass sowie das Gebiet um den Tsarap Chu, einen Fluss, der nordwestlich in Richtung Zanskar verläuft. In Tud liegen einige kleinere Orte wie Hansa, Kyato oder Lossar, in denen sich die traditionelle Lebensart der Bevölkerung am authentischsten erhalten hat.

Die 7589 Quadratkilometer große Fläche Spitis besteht aus hohen Bergketten mit engen, von Flüssen und Strömen in den Fels geschnittenen Schluchten. Diese engen Täler liegen durchschnittlich auf einer Höhe von 5500 Metern mit Tiefen bis zu 2500 Meter, was der Gegend einen bedrohlichen Anblick verleiht. In der Trockenzone gelegen, besitzt Spiti nur eine extrem spärliche Vegetation. Da hier im Jahr nur durchschnittlich 177 Millimeter Regen pro Quadratmeter fallen, ist es eine typische Bergwüste, über die das ganze Jahr hindurch Stürme mit hohen Geschwindigkeiten hinwegfegen, die den lebensfeindlichen Charakter des Landes noch verstärken. Ohne menschliches Zutun wäre Spiti vollkommen karg. Dies wird besonders in den unzugänglichen Gegenden deutlich, in denen lediglich Wacholderbüsche und Dornenge-

Spiti – Windzerfressener Stein, Erosion und Sand, Gluthitze im Sommer, aber auch Gletscher, Schnee und Eiseskälte im Winter. Und eine Bevölkerung, die anteilig einst die meisten Mönche in der gesamten tibetischen Welt besaß.

Vorhergehende Doppelseite: *Dhankar, die alte Hauptstadt Spitis, liegt einem Adlerhorst gleich auf einem Grat in 3890 Metern Höhe.*

Der Westen Spitis ist die Region des Landes, in der sich die traditionelle Lebensweise der Menschen am stärksten erhalten hat.

wächse wachsen. Jedoch die geschickte und intelligente Art, in der die Menschen das Schmelzwasser der Gletscher auf ihre Felder leiten, hat es ihnen ermöglicht, auf schmalen Landstreifen Gerste, Erbsen und Buchweizen anzubauen und genügsame Bäume wie Weiden und Pappeln zu pflanzen. Es sind diese grünen, oasenartigen Flecken, die beim Reisenden den bezaubernden Eindruck der Abwechslung zwischen grauen und braunen Landmassen entstehen lassen, der so typisch für die Trockenzone des Himalaya ist und der den Hintergrund für die eindrucksvolle, reiche Kultur der buddhistisch dominierten indo-tibetischen Grenzländer bildet.

DIE MENSCHEN SPITIS

Spitis Bevölkerung ist tibetischen Ursprungs und umfasst 10 600 Menschen, was einen spärlichen Durchschnitt von 1,4 Personen pro Quadratkilometer ergibt. In diesem Land, in dem etwa nur ein Drittel der Gesamtfläche zum Anbau genutzt werden kann und damit dem Menschen einen Ort für seine Existenz ermöglicht, bezeugen dreißig buddhistische Tempel und Klöster einerseits die tiefe Religiosität seiner Bewohner, andererseits die Notwendigkeit der Bevölkerungsbeschränkung durch das Zölibat. Eine Erhebung über die mönchische Bevölkerung Spitis aus dem Jahre 1845 zeigt, dass damals jeder achte Einwohner Mönch oder Nonne war (im Vergleich dazu war es in Ladakh nur jeder dreißigste). Spiti hatte in der damaligen Zeit den prozentual höchsten Bevölkerungsanteil am klerikalen Stand in der gesamten tibetischen Welt.

In Spiti dominieren mit 21 Gemeinschaften die Klöster des reformierten Gelug-pa-Ordens. Aber auch die älteren buddhistischen Schulen waren in der Lage, hier ihre Existenz zu wahren. So gibt es sieben Klöster der Nyingma-pa, die noch auf die dämonischen Tage Padmasambhavas zurückgehen und ihren Stammsitz im Pin-Tal haben. Weiterhin befinden sich zwei Tempel der Sakya-pa in Spiti, von denen Tangyu Gompa, der ältere und wichtigere der beiden, bei einem Erdbeben 1975 komplett zerstört und in der Ortschaft Hikkim wieder aufgebaut wurde. Die Klöster und Mönche werden von der Bevölkerung stark verehrt, die, wie es in der gesamten tibetischen Welt üblich war, bis vor kurzem noch jeden Zweitgeborenen zur Ausbildung in ein Kloster gab. Wollte der Junge nicht Mönch werden, blieb ihm nur, in einen Haushalt einzuheiraten, aus dem eine Tochter als Erstgeborene und damit als Landbesitzerin hervorgegangen war – oder er musste sich mit seinem älteren Bruder die gleiche Frau teilen. Dieses heutzutage von der indischen Regierung offiziell verbotene und hier wie in Kinnaur auch nur noch selten anzutreffende polyandrische System ist jedoch als absolut sinnvoll zu erachten in einer Gegend, in der der mögliche Landbesitz stark eingeschränkt ist und dessen weitere Aufteilung nur zur zunehmenden Verarmung der Bevölkerung führen würde. Die in der zweiten Hälfte des 20. Jahrhunderts einsetzenden Veränderungen, die Spiti fremden Einflüssen ausgesetzt haben und einen plötzlichen Populationsanstieg mit sich brachten, hatten und werden mit Sicherheit nachhaltige Folgen für diese kleine, insuläre Bevölkerung haben. Das von Indien in den letzten beiden Jahrzehnten gestartete Entwicklungsprogramm hat bereits auf allen Gebieten wie Aufforstung, Gartenbau, Elektrizitätsgewinnung durch Wasserkraft, Erziehungswesen et cetera Resultate gezeigt. Der Prozess der so in Gang gesetzten kulturellen Veränderungen wurde durch die Schließung Tibets in den 1950er-Jahren begünstigt, da sie den Verlust des traditionellen Partners im Bereich von Kultur, Ausbildung und Handel bedeutete. In den letzten Jahren jedoch wirkte sich der Einfluss hoher, im indischen Exil lebender Geistlicher wie des Dalai Lama, des Serkong Rinpoche und des Sakya Trizin sowie anderer tibetischer Flüchtlinge stark belebend auf die buddhistische Kultur des Landes aus, obwohl – insgesamt betrachtet – der Anteil der Männer und Frauen, die dem mönchischen Stand beitreten, rückläufig zu sein scheint. Dies mag wohl als Folge verstärkter ökonomischer Möglichkeiten durch die indische Entwicklungspolitik zu verstehen sein. Das traditionelle Gleichgewicht zwischen Bevölkerungszahl und Viehbestand hat sich aufgrund der steigenden Geburtenrate verschoben. Positiven Effekten der Landverteilung an Landlose und jene, die nur wenig Land besaßen, sowie des Ausbaus der Bewässerung und der gesteigerten Verfügbarkeit von Energieressourcen stehen die negativen Auswirkungen auf die Umwelt gegenüber. Einige problembewusste Regierungsbeamte sind bemüht, das fragile Gleichgewicht dieses Ökosystems zu erhalten, denn nur so war der Bevölkerung des Spiti-Tals seit alters her das Überleben unter den extremen klimatischen Bedingungen dieser hochgelegenen Bergwüste möglich.

Obwohl Spiti auf indischem Boden liegt, spielt in der Gesellschaft dieser Bergregion das Kastenwesen keine Rolle; es gibt lediglich drei soziale Gruppen. An der Spitze der Gesellschaft stehen die Nonos, die lokalen Wesire oder Herrscher, die aus nur wenigen ansässigen Familien stammen. Ihnen folgen die Mönche, die hohes Ansehen genießen, da nur sie traditionell eine Ausbildung erhielten und in direktem Kontakt mit Religion, Göttern und den Mitteln, die nach buddhistischer Vorstellung zur Erlösung führen, stehen. Dies hat sich auch bis zum heutigen Tage nur wenig geändert, obwohl die indische Regierung Schulen gebaut und eine Ausbildung, zwar nach indischen Maßgaben, jedoch praktisch für jeden ermöglicht hat. Die übrige Bevölkerung Spitis setzt sich aus Bauern und Viehzüchtern zusammen. Ein kleiner Teil der Gesellschaft Spitis steht gewissermaßen außerhalb dieses Systems: Es sind all die Landlosen, die lohnabhängig sind wie zum Beispiel Musiker und Handwerker. Eine besondere Stellung nimmt dabei der Schmied ein, der als unrein gilt, da er Metall aus dem Boden, dem Reich des dämonischen Herren der Erde, Sabdag, holt. Aus diesem Grund muss ein Schmied stets abseits der Siedlung leben.

Das aus gerösteter Gerste hergestellte Tsampa ist das Grundnahrungsmittel der Spitipa, neben ein paar einfachen Gemüsesorten wie Erbsen oder Kartoffeln sowie gesalze-

Spiti ist reich an Bergen, deren Flanken die Auffaltung des Himalaya vor 60 Millionen Jahren eindrucksvoll dokumentieren. Diese geologischen Formationen, hier bei Losar im Westen des Landes, faszinierten auch Samuel Bourne auf seiner letzten Expedition nach Spiti 1867. Foto unten: Sammlung Siegert.

nem Tee. Dieses fremdartige Getränk besteht aus starkem, schwarzem Tee, der mit reichlich Butter, Milch und Salz vermischt wird und mehr einer Suppe ähnelt. Der Buttertee Cha führt dem Körper all die essentiellen Fettsäuren und Mineralien zu, die er in diesem trockenen und auszehrenden Klima benötigt. Geröstete Gerste ist auch die Basis des einzigen alkoholischen Getränks in Spiti, des Chang. Seine destillierte Form heißt Arrak. Beides wird täglich getrunken, besonders im Winter, wenn das Wetter die Menschen für mindestens sechs Monate in ihre Häuser zwingt. Doch die Winterzeit, wenn nichts mehr auf den Feldern zu tun bleibt und die Menschen mehr Zeit füreinander haben, ist auch die Zeit für ein intensiveres Familienleben. So finden Hochzeiten normalerweise im November an einem durch die Astrologen festgelegten Termin statt. Solche Anlässe sowie die in den Klöstern stattfindenden Festlichkeiten geben Gelegenheit, sich herauszuputzen und die einzigartigen lokalen Trachten zur Schau zu stellen. Im Gegensatz zu anderen Bergvölkern des Westhimalaya tragen die meisten Spiti-pa ihre traditionelle Kleidung nicht täglich. Doch wenn ein Fest gefeiert wird, holen sie all die reichen Schmuckstücke und Trachten aus den schweren tibetischen Truhen und zeigen sich von ihrer schönsten Seite.

Neben Hochzeiten stellen die religiösen Feste der Klöster die wichtigsten Ereignisse im Leben der Spiti-pa dar. Die bedeutendsten dieser Feierlichkeiten sind die Gutor-Feste, die im November gefeiert werden, um böse Geister zu vertreiben und das Umfeld für eine gute Zukunft zu reinigen. In Tabo wird dieses Fest Chakkar genannt. Das alte Jahr klingt Ende Dezember mit dem Gyalto aus. Losar, das Neujahrsfest, wird im März begangen und Nyainay, den Geburtstag Chenrezigs oder Avalokiteshvaras, der Gottheit des Mitgefühls, feiert man am fünfzehnten Tag des ersten tibetischen Monats. Gebete, Meditationen, das Herstellen von Tormas (symbolischer Gottheiten aus Butter und Tsampa) und Maskentänze (Cham) begleiten das Geschehen. Ein besonderes Fest findet alle sechs bis sieben Jahre im Pin-Tal statt; es heißt Sonchog, was Nach-Tod-Zeremonie bedeutet. Besondere Aufmerksamkeit verdient auch das ebenfalls im Pin-Tal gefeierte Ritual des Steinebrechens (Phobar Dochog), bei dem ein Dämon in einen Felsblock gebannt und durch Brechen dieses Felsens zum Verlassen des Tals gebracht wird (siehe Seite 80f.).

Doch auch die weltlichen Feste sind interessant, wie etwa Da Chang, das im Februar sechs Tage lang von der männlichen Bevölkerung gefeiert wird. Zu diesem Anlass wird ein junger Mann ausgewählt, der einen Pfeil von der Spitze eines Daches aus in Richtung Fluss schießen muss, um den Sieg über alle Übel und Krankheiten zu symbolisieren. Thon Thon markiert das Ende des Winters und wird direkt vor der Aussaat im April begangen, gefolgt von Lapsol, der Anrufung der Götter, nach Beendigung der Aussaat. Wenn alle Feldarbeit getan ist, findet Ende September oder Anfang Oktober in Kaza eines der größten Feste statt: Namkhar, ein Reiterfest, bei dem die Spiti-pa auf ihren schnellsten Pferden ihre Geschicklichkeit unter Beweis stellen.

Gegenüber: *Herabfließendes Gletscherwasser hat auf diesem schmalen Berggrat im Pin Valley eine bescheidene Ansiedlung mit ein paar kleinen Gerstefeldern ermöglicht.*

Oben: *Ungeachtet des harten Lebens der Bewohner Spitis, haben sie sich ihre Lebensfreude, Anmut und Würde erhalten. Dies kommt in ihren Festen stark zum Ausdruck und auch in ihren bunten Trachten, von denen besonders die Lokpa genannten grünen und roten Filzcapes hervorstechen, die mit Svastika-Glückssymbolen verziert sind.*

Kye Gompa, Spitis größtes Kloster, das imposant auf einem Monolithen thront, wurde im frühen 18. Jahrhundert auf den Fundamenten einer Gründung aus dem 11. Jahrhundert erbaut und diente des Öfteren als Bollwerk gegen Feinde wie auch als Schutzburg für Kunstschätze, die in den Räumen der labyrinthartigen Stockwerke des Klosters erfolgreich versteckt wurden. Es ist das Stammkloster von Lochen Tulku, der 19. Reinkarnation des Großen Übersetzers Rinchen Zangpo. Foto gegenüber oben: B.P. Lal 1909, Courtesy: Friends of the Kern Institute, Leiden (P-038943).

GESCHICHTE

Obwohl tibetisch in seiner Kultur, war Spitis Schicksal immer auch mit seinen indischen Nachbarn verknüpft. Die mythologischen Schriften Indiens erwähnen, dass der Himalaya von verschiedenen Stämmen bevölkert war. Die nördlichsten Gebiete waren von den Mujavantas und den Bakalikas besiedelt, die die Kinnaras und Gandharvas – Bezeichnungen, die der Bevölkerung von Kinnaur zugesprochen werden – als südöstliche Nachbarn hatten. Nach dem Niedergang des Maurya-Reiches wurde Spiti im 2. Jahrhundert n.Chr. Teil des Kuschanen-Reiches und zerfiel dann in kleine autonome Stammesgebiete, die von den Kunindas beherrscht wurden. Im 7. Jahrhundert n.Chr. regierten in Spiti die Hindu-Herrscher des Sena-Clans, die untergeordnete Regenten der damals buddhistischen Autoritätsmacht Kaschmir waren. Unter den Senas war Spiti ein mächtiges Königreich, welches das fruchtbare Kullu-Tal und Kinnaur als Vasallenstaaten kontrollierte. Im 7. Jahrhundert wurde Spiti von Ladakh annektiert. Doch schon kurze Zeit später war das soziokulturelle wie das politische Schicksal des »Mittellandes« mit Westtibet verknüpft, einer damals weithin unerschlossenen, rauen Region, nur vage in einige von Kleinfürsten, sogenannten Gyalpos, regierte Lehen aufgeteilt, die ständig miteinander in Territorialstreitigkeiten lagen. Songsten Gampo (617–650 n.Chr.), der spätere erste Großkönig eines geeinten Tibets, unterwarf Ladakh und all diese Fürstentümer im 7. Jahrhundert auf seinem Weg in die Regionen des Pamir-Gebirges. Obwohl dadurch zu einem Teil Tibets geworden, blieb Spiti kulturell den Einflüssen Kaschmirs geöffnet. Als das vereinigte Tibet an seinen chinesischen Grenzen auseinanderzubrechen drohte und der dem vorbuddhistischen Bön-Glauben anhängende König Langdarma die Regentschaft in Lhasa innehatte (zwischen 899 und 902 n.Chr.), errangen die westtibetischen Gebiete ihre Unabhängigkeit. Auch Spiti löste sich von Ladakh und entwickelte eine souveräne Herrschaft. Während dieser Zeit scheint Spiti einen eigenen König gehabt zu haben. Im 10. Jahrhundert war Spiti Teil des westtibetischen Königreiches von Guge, das zu dieser Zeit von dem berühmten König Yeshe Ö regiert wurde. Gemeinsam mit dem in Nordkinnaur oder Guge geborenen Rinchen Zangpo, einem der bedeutendsten religiösen Gelehrten in der Geschichte Tibets, führte Yeshe Ö den Buddhismus in Westtibet wieder ein und konnte schließlich ganz Tibet zum buddhistischen Glauben bekehren. Das späte 10. Jahrhundert stellt den Beginn eines »Goldenen Zeitalters« für Westtibet dar. Akademien für buddhistische Studien entstanden, riesige Tempelkomplexe wurden gegründet, und die Künste erreichten einen Höhepunkt in ihrer historischen Entwicklung. Die schönsten Überreste aus dieser Zeit, wie beispielsweise die Klosteranlagen von Tabo oder Lhalung, finden sich heute noch in Spiti. Ihre außergewöhnlichen kunsthistorischen Schätze künden von dem reichen Erbe dieser glorreichen Epoche in der Geschichte des Himalaya.

Die weitere Geschichte Spitis ist gekennzeichnet durch den Wechsel zwischen Autonomie und Beherrschung durch Guge, Ladakh oder verschiedene indische Kleinfürstentümer. Aufgrund der isolierten geographischen Lage wurde Spitis Verwaltung an den lokalen Adel übertragen. Dieses System bewirkte den Aufbau der Institution der Nonos als permanente Repräsentanten des jeweiligen Herrscherwillens in Spiti. Die Nonos von Kyuling hatten ihren Hauptsitz in Dhankar, der festungsartigen Ansiedlung, die auf einem steilen Berggrat hoch über dem Zusammenfluss von Spiti und Pin thront.

Spiti war stets eine Pufferzone zwischen den tibetischen Königreichen im Norden und den indischen Staaten im Süden. Daher musste es auch in den späteren Jahrhunderten die Wucht mehrfacher Invasionen seiner mächtigen Nachbarn erleiden. Die strategisch bedeutsame, aber leicht verletzliche Region wurde zwischen 1600 und 1850 zum Ziel indischer Offensiven. Als alle Fürstentümer der Region in die Indische Union eingegliedert waren, wurde Spiti zusammen mit seinem Nachbarn Lahaul zu einem Distrikt des Punjab. 1960 jedoch kamen sie als Distrikt Lahaul-Spiti zum neu gegründeten indischen Bundesstaat Himachal Pradesh mit Hauptverwaltungssitz in Keylong und dem untergeordneten Verwaltungsort Kaza.

Anders als im großen Kloster Kye, das in unmittelbarer Erreichbarkeit vom gleichnamigen Dorf nahe der Karawanenroute errichtet wurde und heute noch ungefähr 200 Gelug-pa-Mönche beherbergt, ist Dhankar auf 3890 Metern Höhe ein extrem entlegener und einsamer Ort. Hier scheint das mönchische Ideal der Abkehr von der Welt – allein mit sich, den Schriften und den Elementen – vollkommen verwirklicht zu sein. Foto links unten: B.P. Lal 1909, Courtesy: Friends of the Kern Institute, Leiden (P-038944).

Oben: *Durch wüstenhaftes, raues Terrain führt ein Pfad westlich von Dhankar über Anhöhen von etwa 3800 Metern Höhe ins Lingti-Tal, benannt nach dem drittgrößten Fluss Spitis. Hauptort des Tals ist Lhalung, dessen von einer Mauer umgebener Tempelbezirk sich aus fünf Gebäuden zusammensetzt und auf einer Bergkuppe oberhalb der Ortschaft liegt.*

Gegenüber: *An den Wänden und auf dem Altar des Serkhang, des Haupttempels von Lhalung, finden sich 51 fast ausnahmslos goldfarbene Lehmfiguren aus dem frühen 13. Jahrhundert. Ihre Anordnung folgt den ikonografischen Regeln dreier Mandalas. Das Mandala der rechten Wand ist Prajnaparamita, der Göttin der Weisheitserhöhung gewidmet. Sie ist umgeben von den Fünf Lichtbuddhas und deren Partnerinnen. Im rechten Teil der Wand ist das Bildnis einer Durgottarini Tara, der aus der Not helfenden Erlöserin, erkennbar, das starke Ähnlichkeiten zu einer Malerei im Sumtsek-Tempel von Alchi aufweist (siehe Seite 206).*

Im südlich von Dhankar gelegenen Pin-Tal führen »Buchen« genannte Nyingma-pa-Lamas, einmalig auf der Welt, das Ritual des Steinebrechens (Phobar Dochog) auf. In einer Mischung aus religiösem Ritual, Theateraufführung und Spektakel, die auf den tibetischen Mahasiddha Thangtong Gyalpo (ca. 1385–1481) zurückgeht, wird vor dem Altar zu Ehren des Meisters ein das Tal heimsuchender Dämon in einen Steinquader gebannt. Die Buchen halten ihn zunächst auf friedvolle Weise, mittels Beschwörungen und Flehen, an, den Ort zu verlassen. Auf dem ersten Höhepunkt erscheint ein Spaßmacher, der einen Schäfer darstellt. Er fordert den Lochen, den Hauptakteur, heraus und verhöhnt sogar Thangtong Gyalpo selbst. Mit viel Mühe gelingt es dem Lochen, den Störenfried loszuwerden. Nun versuchen er und sein Gehilfe, den Dämon mittels allerlei Kräftebeweisen (Befestigen von Tüchern mit Nadeln am Rücken, Durchstoßen der Wangen mit Spießen, Tanz auf Schwertklingen) zum Verlassen des Ortes zu bewegen. Doch erst wenn der Lochen im Namen von Avalokiteshvara, dem Bodhisattva des Mitgefühls, den Quader auf der Brust eines in Trance befindlichen Gehilfen mit einem Flussstein spaltet, gibt sich der Dämon geschlagen und entschwindet. Foto gegenüber oben links: H. Kopp 1955.

Auf 3050 Meter Höhe liegt im Osten Spitis die älteste, unverändert erhaltene Tempelanlage des gesamten tibetischen Kulturraums – Tabo. Gegründet wurde sie 996 n.Chr. von Rinchen Zangpo als Akademie. Die acht, von einer Mauer umgebenen Lehmbauten sind zusammen mit den Chörten nach dem Prinzip eines dreidimensionalen Mandalas angelegt, dessen Zentrum der Tempel der Erleuchteten Götter (Tsug Lhakang) ist. Hier sind 32 Götterfiguren aus Lehm an den Wänden um eine zentrale Statue des vierfaltigen Saravid Vairochana (der »Sonnengleiche«) gruppiert. Gemeinsam stellen sie ein dreidimensionales Vajradhatu-Mandala (»Mandala des Vajra-Himmels«) dar. Den äußeren Bereich des Mandalas nehmen weibliche Opfergöttinnen ein – gegenüber links: *Vajradhupa,* gegenüber rechts: *Vajralashya –, die für die demutsvolle Geisteshaltung im Meditierenden stehen. Foto gegenüber links: B.P. Lal 1909, Courtesy: Friends of the Kern Institute, Leiden (P-038931).*

Die Vajradhatu-Figuren mit ihren unterschiedlichen Farben und Handhaltungen symbolisieren Aspekte der Persönlichkeit, die in der Meditation erkannt und als Illusion wieder verworfen werden sollen, damit sich das »Wahre Selbst«, die eigene, buddhagleiche Natur (Vairochana) verwirklichen kann. Diese spirituelle Läuterung wird mittels einer einfachen Lichtsymbolik dargestellt: von trübem Licht über die Spektralfarben zurück zum gleißend weißen Urlicht. Stilistisch sind die Lehmfiguren (hier von links nach rechts Vajrasattva, Vajraratna und Akshobhya) mit ihren dreifach-sichelförmigen Kronen, dem reichen Zierrat und den fein gestalteten Beinkleidern im besten kaschmirischen Stil des Jahres 1042 gefertigt.

Links: *Der weiße (silberfarbene, jüngst golden übermalt) und vier Meter hohe Saravid Vairochana ist als einzige Figur des Vajradhatu-Mandalas im Tsug Lhakang von Tabo überlebensgroß und viergestaltig. In alle vier Himmelsrichtungen blickend, erkennt und durchdringt er alles, bildet den Urgrund allen Seins.*

Rechts und gegenüber: *Der Tsug Lhakang ist ein Gesamtkunstwerk aus Skulptur und Malerei. Dabei waren verschiedene Ateliers kaschmirischer und lokaler Künstler an der Ausgestaltung des Tempels beteiligt. Die oberen Wandbereiche zeigen das vom Meditierenden angestrebte Reich der erleuchteten Wesenheiten – zum Beispiel den weißen Avalokiteshvara* (rechts unten), *dem der blaue Bodhisattva Mahashtamaprapta* (gegenüber) *zugeneigt ist. Foto: J. Poncar, Western Himalaya Archive, Wien (20321). Die Opfergöttinnen mit Vajras in den Händen, die zwischen den Lehmfiguren des mittleren Wandbereichs gemalt sind, bringen ihren zugeordneten Bodhisattvas eine Blume dar. Sie stehen für die notwendige, demutsvolle Geisteshaltung des Meditierenden* (rechts oben).

Die unteren Wandbereiche sind den Erleuchtungsgeschichten zweier buddhistischer Heiliger gewidmet – dem historischen Buddha Shakyamuni und dem indischen Prinzen Sudhana (tib.: Norsang). Sie dienten den Mönchen als Inspiration, Anreiz und »historischer Beleg« dafür, dass Erleuchtung möglich ist.

Gegenüber: *Sudhana wird von Manjushri unterwiesen. Symbol dieser vermittelten Weisheit ist der indisch anmutende Stupa im rechten oberen Bildbereich.* Oben rechts: *Sudhana wird von Maitreyas Geist berührt. Interessant sind hier die Analogien, die sich zu christlichen Darstellungen himmlischer Präsenz und Segnung ziehen lassen.* Oben links: *Die Regengöttin Nanda spendet dem eben geborenen Buddha Wasser.* Rechts: *Buddha steigt aus dem Himmel der 33 Gottheiten herab.*

Oben rechts: *Gen Osten wird der Tsug Lhakang von einer Apsis erweitert, in dem sich ein inneres Heiligtum befindet. Foto: H. Först. Es wird von einer Gruppe von fünf Bodhisattvas gebildet, deren Zentrum ikonografisch nicht ganz eindeutig ist. Löwenthron und flankierende Bodhisattvas deuten einerseits auf Vairochana hin, wie er auch im Serkhang von Tabo dargestellt ist (siehe S. 92); rote Farbe, Figurenpentade und generelles Konzept des Tsug Lhakang sprechen für den kosmischen Buddha Amitabha.* Unten: *Flankiert wird die Zentralfigur vom Bodhisattva Mahashtamaprapta, dessen Beinkleid mit Reihen phantastischer Wesen verziert ist. Foto unten links: H. Neumann.* Oben links: *Umgeben ist die Apsis von einer Wand, auf der die Fünf Lichtbuddhas in Meditationshaltung in ihrer Vertausendfachung dargestellt sind – ein Phänomen, von dem Meditierende oft berichten. Im Faltenwurf ihrer Gewänder zeigt sich noch deutlich der graeco-romanische Stil Gandharas, der in die Kunst Kaschmirs übernommen wurde. Foto: H. Neumann.*

Der zweite kunsthistorisch bedeutsame Tempel von Tabo ist der Serkhang, der »Goldene Tempel«. Er stammt aus dem zweiten »goldenen Zeitalter« des Königreiches Guge im 16. Jahrhundert, als man sich stilistisch noch einmal an der frühen kaschmirischen Kunst orientierte und so Kunstwerke unvergleichlicher Schönheit schuf. Die neun Bildnisse nehmen die gesamte Wandhöhe von vier Metern ein.

Links: *Die Grüne Tara mit einer meisterlich gestalteten Krone und einem raffiniert die Figur betonenden und gleichzeitig fast volkstümlich anmutenden Gewand.*
Oben: *Der weiße und vierköpfige Saravid Vairochana in Meditationshaltung.*
Foto: H. Först.

Oben: *Manjushri, der Bodhisattva der Weisheit mit Schwert und Buch auf Lotosblumen neben sich.* Rechts: *Der blaue, überaus reich geschmückte Urbuddha Vajradhara mit Vajra (Donnerkeil) und Ghanta (Glocke) in den gekreuzten Händen, in dessen Gewand sich die vollendete Schattierungstechnik der Guge-Kunst besonders gut zeigt. Auch die gewaltigen roten Flächen innerhalb seiner Heiligenscheine sind minutiös durchgestaltet.*

LAHAUL

WO SONNE UND MOND SICH VEREINEN

Im Vergleich zu den Landschaften von Spiti und Nord-Kinnaur präsentiert sich Lahaul wesentlich grüner. Über den 3980 Meter hohen Rohtang-la (den »Pass der Leichenhaufen«), der vom Kullu-Tal aus über die Gebirgskette des Pir Panjal den Zugang nach Lahaul bildet, erhält das Land erheblich mehr Niederschläge als seine wüstenhaften Nachbarn. Der Rohtang-la fungiert als eine Art Wetterscheide zwischen dem feuchten Indien und dem trockenen Tibet. Die Monsunwolken werden von den Bergen der direkt gegenüber des Passes verlaufenden Mukila-Kette aufgehalten. Der Kunzum-la mit der Barashigri-Bergkette markiert die östliche Grenze zu Spiti, und im Nordwesten erreicht man über den Lachulung-Pass Rupshu und den Changthang. Lahaul liegt zwischen der Pir-Panjal-Kette und der Haupthimalayakette. Die kleine Region erstreckt sich praktisch nur über zwei canyonartige Täler, die von den Flüssen Chandra (Mond) und Bhaga (Sonne) durchzogen werden. Diese vereinigen sich im Herzen von Lahaul an einem Ort namens Tandi, wo sie den Chandrabhaga, den »Mond-Sonne-Fluss« bilden. Beide Flüsse entspringen am Baralacha-Pass (4883 Meter), wobei der Chandra östlich und der Bhaga westlich der Gebirgsachse verläuft. Die vereinigten Flüsse mäandrieren durch das Pattan-Tal der indischen Tiefebene zu, um zum wichtigsten Strom des Punjabs zu werden. Die Flüsse und ihre Täler bildeten schon immer die natürlichen Verkehrsverbindungen zu den Nachbarregionen, und noch heute herrscht reger Karawanenverkehr von Lahaul nach Rupshu über die Steppen von Lingti sowie nach Zanskar über den 5100 Meter hohen Shingo-la. Zweimal im Jahr ziehen die halbnomadischen Gaddi-Schäfer über den Kukti-Pass, der die einzige Verbindung zwischen dem Fürstentum Brahmaur und Lahaul darstellt.

Die Täler Lahauls liegen alle um die 3000 Meter über dem Meeresspiegel. Der Sommer dauert lediglich von Juni bis zum frühen September, und schon im Oktober machen die Schneemassen den Rohtang-la unpassierbar, so dass Lahaul bis zur Schneeschmelze im Juni unzugänglich bleibt. Lahaul wäre, ebenso wie seine Nachbarn, völlig öde und trocken, wenn nicht zahlreiche Gletscher seine Gipfel bekränzten. Allein diesem Umstand ist es zu verdanken, dass eine Besiedlung dieses Landes durch Menschen überhaupt möglich war. In Ost-Lahaul liegen inmitten terrassierter Gerstenfelder die typisch tibetischen Weiler Khoksar, Sissu, Gushal und Gondhla, dessen Thakur-Turm an ähnliche Bauten in Kinnaur erinnert. Der Hauptteil Zentral-Lahauls wird von den Städten Keylong, dem Verwaltungszentrum, und Khardang mit seinem schönen buddhistischen Kloster beherrscht. Folgt man der schmalen Straße entlang des Chan-

Gegenüber und vorhergehende Doppelseite: *Aufgrund der vergleichsweise niedrigen Höhe der vorgelagerten Pir-Panjal-Bergkette ist Lahaul stärker dem Einfluss des Monsuns ausgesetzt, der sich an der parallel verlaufenden Mukila-Bergkette abregnet und für mehr Grün sorgt.* Oben: *Die kulturell tibetischen Ortschaften verfügen über zahlreiche kleine Klöster mit kunsthistorisch bedeutsamen Plastiken und Malereien wie zum Beispiel der vier Meter hohen Statue des Hayagriva im Kloster von Tayul.*

drabhaga-Flusses in Richtung Westen, erreicht man den Distrikt von Udaipur, in dem der alte Mirkula-Devi-Tempel liegt. In Richtung Norden markieren die Orte Tayul, Jispa, Gemur, Darcha und Patseo die Strecke entlang der Straße, die durch immer trockener werdendes Terrain zum Baralacha-la (»Pass, an dem sich die Straßen kreuzen«) führt. Jenseits des Baralacha-la beginnen die endlos scheinenden Ebenen von Rupshu, das bereits auf dem Changthang liegt (vgl. Kapitel »Rupshu«, Seite 171 ff.).

DIE MENSCHEN LAHAULS

Ebenso wie Kinnaur kann Lahaul aufgrund seiner komplizierten Herrschaftssysteme und der zahlreichen verschiedenen Völker, die dort leben, nicht so einfach wie Spiti einem bestimmten kulturellen System zugeordnet werden. Es gibt in dieser kleinen Region drei Hauptsprachen, die in sechs Dialekten gesprochen werden. Um sich untereinander verständigen zu können, müssen die Menschen oft das Hindi des indischen Tieflandes benutzen. Ethnologisch betrachtet, wird der Westen und Süden Lahauls vom indo-arischen Element dominiert, während im Osten und Norden des Landes das tibetische Element vorherrscht. Sowohl Hinduismus wie auch Buddhismus sind verbreitet, wobei der Westen fast ausschließlich hinduistisch, der Osten fast ausschließlich buddhistisch ist. Die Buddhisten wurden traditionell von tibetischen Aristokraten, Jos genannt, regiert. Diese führten ihren Ursprung auf den tibetischen Herrscher Nyima Gon zurück, der auch Lahaul unterwarf. Die aristokratischen Herrscher der Hindus wurden Thakure genannt und stammten aus lokalen Familien. Zusammenfassend kann man den Großteil der derzeit 13 100 Menschen Lahauls (Volkszählung 2001) als ein typisches indo-tibetisches Volk bezeichnen, dessen Gesichtszüge sowohl tibetisch wie auch indisch geprägt sind.

Doch auch andere, von den »Indo-Tibetern« klar zu unterscheidende Volksstämme finden sich im Volks- und Kultur-Schmelztiegel von Lahaul. Die Eigentümlichsten von ihnen sind die halbnomadischen Gaddi. Sie ziehen zwischen dem Kullu-Tal, Lahaul und den oberen Bereichen der zentralen Himalaya-Kette in der Umgebung des Kunzum-Passes sowie den Bergketten, die Lahaul von Ladakh trennen, umher. Den Winter verbringen die Gaddi hauptsächlich in Brahmaur, westlich von Lahaul. Über ihre Herkunft ist so gut wie nichts bekannt, jedoch zeigen die frühesten über die Gaddi erhaltenen Schriften auf, dass sie seit 920 n.Chr. das Dhauladar-Gebirge besiedelten. Die Letzten ihres Volkes waren im 17. Jahrhundert während der Herrschaft des Mogulkaisers Aurangzeb dazu gezwungen, von Lahore (im pakistanischen Teil des Punjab) nach Himachal Pradesh zu übersiedeln, weil sie es ablehnten, zum Islam überzutreten.

Oben: *Eindrucksvoll ausgesetzt gegen eine gewaltige, tief verschneite Bergkette liegt an einem bewaldeten Berghang der Tempel von Triloknath, Heiligtum für Hindus und Buddhisten gleichermaßen.* *Foto: M. Beck*

Gegenüber oben: *Die eng ineinander und übereinander verschachtelten Häuser des alten Teils des Dorfes Khardang sind in archaisch anmutender Stein-Lehm-Bauweise errichtet.* Mitte: *Eine lahaulische Nonne (mit langem Haar) röstet Gerste, die später zu Tsampa-Mehl, dem Grundnahrungsmittel der Lahauli, gemahlen wird.* Unten: *In Form von Steinplastiken wie diesem Padmapani aus dem 8. Jahrhundert finden sich überall in Lahaul eindrucksvolle Zeugnisse des schon früh in der Region verbreiteten Buddhismus.*

Auf seinen vielen Expeditionen von seinem Wohnsitz im Kullu-Tal ins benachbarte Lahaul fertigte der russische Maler Nicholas Roerich zahlreiche Gemälde an, deren Landschaften zwar idealisiert, aber dennoch geografisch klar zuzuordnen sind. Auch noch 55 Jahre später scheinen die von Roerich für seine Werke ausgesuchten Orte ebenso inspirierend zu wirken, denn sie wurden von den Fotografen gewählt, ohne dass sie die Bilder Roerichs kannten.

Nicholas Roerich, To Kailas, Lahul, 1932, Tempera auf Leinwand. Nicholas Roerich Museum, New York.
Abgebildet ist das Dorf Khardang, gesehen von unterhalb des Dorfes aus nach Osten zur Pir-Panjal-Kette – insofern stimmt Roerichs Bezeichnung, denn dies wäre der Weg, den man von hier aus zum Kailash in Tibet einschlagen müsste. Foto: H. Weihreter 1986.

Rechts: *Nicholas Roerich, Mount M, Lahul, 1932, Tempera auf Leinwand. Nicholas Roerich Museum, New York.*
Mit »Mount M« ist der 6517 Meter hohe Mukila gemeint, dessen Massiv man auf Gemälde und Foto (1987) sehen kann, die beide den Blick von Keylong aus entlang des Chandra-Flusses nach Osten zeigen.

Lahaul ist besonders in seinen Zeugnissen frühmittelalterlicher Schnitzkunst herausragend. Beispielhaft dafür sind die geschnitzten Tür-, Fenster- und Deckenpaneele des Mirkula-Devi-Tempels von Udaipur, die vermutlich aus dem 11. Jahrhundert stammen (siehe auch Seite 27).

Oben: *Östliches Fensterpaneel mit dem Hindugott Vishnu in seiner Erscheinungsform als Zwerg Vamana, der seine Beine bis in den Himmel der Götter streckt und so zum Herrscher aller Welten wird.* Unten: *Die filigran als Lotos gearbeitete Decke des Pavillons, in die zahlreiche buddhistische Symbole eingearbeitet wurden, ist umgeben von Friesen, die Götter der Hindu-Mythologie darstellen. Beide Fotos: M. Beck.*

GESCHICHTE

Die Herkunft des Namens Lahaul ist nicht eindeutig zu klären. Tibetische Chroniken erwähnen das kleine Land unter der Bezeichnung Lho-yul, das »Land des Südens«, oder nennen es Lhahi-yul, das »Land der Götter«. Untersuchungen der Dialekte Lahauls führten zu dem Schluss, dass dieses heutzutage mit Spiti zu einem Verwaltungsdistrikt Himachal Pradeshs zusammengefasste Land schon vor 2000 Jahren von einer ethnologisch eigenständigen Bevölkerung bewohnt wurde – einer autochthonen Gesellschaft, die Ähnlichkeiten mit den Munda-sprechenden Stämmen von Zentralindien und Bengalen aufwies. In späteren Zeiten wanderten von Norden und Osten kommend Menschen tibetischer Herkunft nach Lahaul ein, ebenso Arier und Halb-Arier, so dass sich die Menschen Lahauls heutzutage als eine ethnische Mixtur all dieser Einflüsse präsentieren. Archäologische Funde belegen, dass der Buddhismus seit dem 2. Jahrhundert n.Chr. in Lahaul existiert. Im 8. Jahrhundert bereiste der tantrische Heilige Padmasambhava diese Gegend und begründete das nahe der Ortschaft Gandhola gelegene, immer noch existierende Kloster Guru Ghantal. Doch auch der Hinduismus war in bestimmten Gebieten Lahauls verbreitet, besonders im Pattan-Tal, das eine direkte Verbindung zu den Ebenen des Punjab herstellt. Die berühmten indischen Heiligen Draupadi und Vashisht starben vermutlich in der am Zusammenfluss von Chandra und Bhaga gelegenen Ortschaft Tandi. Zwischen 1500 und 1700 war Lahaul ein autonomes Land, das von Jos und Thakuren, letztere aus vier ortsansässigen Familien stammend, regiert wurde. Ansonsten stand das Land immer unter der Kontrolle von Ladakh, Kullu oder Chamba. Im Jahr 1846 kam der östliche Teil des damals von Kullu regierten Lahaul unter britische Herrschaft und wurde nach 1947 ein Bergdistrikt des Punjabs, bevor 1960 aus diesem und Spiti der Bundesstaat Himachal Pradesh gebildet wurde. Verwaltungszentrum ist Keylong, das zwischen 1857 und 1945 auch den Herrnhuter Missionaren als Hauptsitz diente. Diese trugen etliches zur Entwicklung des Distriktes bei, insbesondere auf dem Gebiet der Landwirtschaft. Die von ihnen eingeführte Produktion von Kartoffeln stellt gegenwärtig die größte Einnahmequelle für Lahaul dar.

Kulturell betrachtet, ist Lahaul noch heute klar unterteilt in Bara-Lahaul (Oberes Lahaul), das aus den ehemaligen Territorien des Rajas von Kullu beziehungsweise der ladakhischen Könige besteht, und Chotta-Lahaul (Unteres Lahaul), die Region, die zum Fürstentum von Chamba gehörte.

Im Londoner British Museum befindet sich seit 1954 eine 60 Zentimeter hohe Holzstatue eines Amitabha in Meditationshaltung. Sie war vermutlich Teil eines Wand-Arrangements, ähnlich denen in Nako (Kinnaur) oder in Tabo (Spiti). Die Gestaltung der Krone und des Gewandes weist stilistisch auf Kaschmir im 10. Jahrhundert. In den Archiven des Kern Instituts, Leiden, konnte nun erstmals ein Foto aus dem Jahr 1909 ausgemacht werden, das diese Figur noch in ihrer ursprünglichen Umgebung zeigt, vermutlich im Kloster Johling nahe Keylong, einer auf Rinchen Zangpo zurückgehenden Gründung. In dem ansonsten schmucklosen Raum wurde sie neben einer stilistisch ganz ähnlichen und opulent gestalteten Figur des historischen Buddhas unter dem Bodhi-Baum postiert, deren Verbleib unbekannt ist. Foto links: British Museum, London (1954.2.22.1). Foto oben: H.L. Shuttleworth, Courtesy: Friends of the Kern Institute, Leiden (P-039236).

7000 JAHRE EINFLÜSSE, STILE UND ENTWICKLUNGEN

Der Westhimalaya ist reich an Orten von überragender kultureller Bedeutung. Dies liegt daran, dass durch dieses Gebiet, so entrückt es auch erscheinen mag, vormals wichtige Handelsrouten liefen, auf denen neben Gütern immer auch philosophische Ideen, religiöse Konzepte und Kunststile verbreitet wurden. Aufgrund der Zerstörungen in Tibet selbst ist der Westhimalaya der einzige Ort, an dem zum Beispiel sämtliche Entwicklungen, die die tibetische Kunst von den Anfängen bis heute durchlaufen hat, studiert werden können. Um diese Entwicklungen verstehen zu können, ist es notwendig, den Blick auch ein wenig auf die politischen Geschehnisse sowie die soziokulturellen Gegebenheiten zu lenken – auch auf jene Zentraltibets, da diese zu weiten Teilen für die späteren Entwicklungen der westhimalayischen Kunst verantwortlich waren.

Regionales künstlerisches Schaffen lässt sich in den Felszeichnungen von Domkhar in Ladakh bis ins 5. oder 6. Jahrtausend v.Chr. zurückverfolgen. Stilistisch ähneln die Darstellungen von Hirschen Felszeichnungen, die man im Altai-Gebirge gefunden hat. In Kargil entdeckte Jagdszenen lassen sich mit spätsteinzeitlichen Ritzungen aus Kaschmir und der Baikal-Region (Sibirien und Mongolei) vergleichen. Felszeichnungen religiösen Inhalts finden sich in Tangtse (Changthang) und können der Bronzezeit zugeschrieben werden. Spätere Zeugnisse aus dem 1. Jahrhundert v.Chr. stehen in Beziehung zu einigen in Pakistan gefundenen Bildnissen und Motiven der Skythen. Felszeichnungen als künstlerische Ausdrucksform sind von weiten Teilen der Bevölkerung des Westhimalaya und zu allen Zeiten praktiziert worden. So scheinen die Felsblöcke von Tangtse für eine große Anzahl Reisender zu Markierungspunkten geworden zu sein: In einer eindrucksvollen Vielfalt an Sprachen finden sich hier Inschriften in thokarisch, sogdisch, arabisch, Brahmi, Sharada und tibetisch sowie Symbole, Tamgas, Swastikas, Malteserkreuze (möglicherweise manichäischen Ursprungs) und weitere Petroglyphen, die den unterschiedlichsten Epochen zugeschrieben werden können und für die langen und weitreichenden Kultur- und Handelsbeziehungen sprechen, die Ladakh einst besaß. Spezielle Felsbildnisse entstammen der Minaro-Kultur, deren älteste in Bheema auf das 3. Jahrtausend v.Chr. zurückgehen und religiös motiviert zu sein scheinen (siehe Kapitel »Dah-Hanu«, Seite 222f.). So war es nur folgerichtig, dass im Westhimalaya Felsritzungen als Ausdruck religiöser Überzeugung auch zum Einsatz kamen, als der Buddhismus die Region zum ersten Mal im 2. Jahrhundert n.Chr. vom damals buddhistischen Kaschmir als Teil des Kuschanenreiches aus erreichte. Tausende von eingeritz-

Gegenüber: *Die Fünf Lichtbuddhas (Detail) mit einer Reihe von Stupas und Priestern, gemeißelt etwa im 10. Jahrhundert in einen großen Felsblock bei Padum, dem Hauptort Zanskars.* Oben: *Steinrelief einer Tara von kaschmirischen Künstlern des 9./10. Jahrhunderts bei Dras in Ladakh.*

Vorhergehende Doppelseite: *Drei Meter hohe Wand mit insgesamt 728 kleinen Medaillons des Bodhisattva Manjushri, gruppiert um das zentrale Motiv eines Palasts, in dessen Mitte die gekrönte Erscheinung des Bodhisattvas der Weisheit auf dem Löwenthron sitzt. Kaschmirische Malerei, um 1200, Sumtsek-Tempel, Alchi (Ladakh). Alle Fotos: M. Henss.*

ten Stupas und andere einfache buddhistische Motive und Inschriften stammen aus dieser und den folgenden Zeitepochen. Die Legende besagt, dass auch das Kloster Sani in Zanskar aus dieser Zeit stammen soll. Jedoch finden sich hierfür keinerlei weitere Hinweise (die ebenerdige Lage ist typisch für sämtliche frühen Klostergründungen im Westhimalaya und in Tibet ab dem 8. Jahrhundert). Und selbst der Kanishka-Chörten, benannt nach dem Kuschanenherrscher des 2. Jahrhunderts, ist in seiner jetzigen Form sicherlich späteren Ursprungs.

Die ersten kunstvolleren figürlichen Darstellungen aus dem buddhistischen Pantheon im Westhimalaya (Ladakh und Zanskar) sind jedoch wohl nicht lokalen Ursprungs. Die an Straßenkreuzungen und als fromme Wegweiser angelegten, monumentalen Maitreya-Bildnisse von Mulbekh, Sanku, Khartse Khar und Hamuting-la gehören der späten Gupta-Periode Indiens an und sind wahrscheinlich das Werk kaschmirischer Künstler des 7. oder 8. Jahrhunderts. Während dieser Zeit waren die Charakteristika des späten Gupta-Stils wie subtile Sinnlichkeit und leichte Linienführung bereits feste Bestandteile der kaschmirischen Kunst geworden, die zu den Grundlagen dessen gehört, was später einmal tibetische Kunst werden sollte. Eine weitere Facette der kaschmirischen Kunst zeigt sich in den augenscheinlich graeco-buddhistischen Stilelementen, deren Inspiration man aus Gandhara, einer Region im heutigen Pakistan, bezogen hatte. In der buddhistischen Kunst Kaschmirs manifestieren sich diese griechischen Elemente noch vor allem in der Gestaltung der weit ausgeschnittenen Roben, die in einer großen Anzahl konzentrischer Ringe sanft den Leib etwa eines Buddhas bedecken und stark an griechische Apollo-Bildnisse der hellenistischen Epoche erinnern. Natürlich fand der Kulturaustausch nicht nur in eine Richtung statt. So stark wie Kaschmir Übergangsregion für die aus Indien heraufgebrachten Kunststile war, so sehr war es auch Auffangbecken für die vielfältigen Einflüsse Zentralasiens oder der verschiedenen Kulturen entlang der Seidenstraße. Wie sich aus klösterlichen Wandmalereien des Westhimalaya und Bronzen dieser Zeit ersehen lässt, bezieht die kaschmirische Kunst ihre Bedeutung aus der Kombination der indischen Impulse mit zentralasiatischen Einflüssen wie den lokalen persischen Stilen von Khoresmien, Sogdien und Baktrien (Turkestan) sowie dem vermischt graeco-romanisch-indischen Stil Afghanistans, die sie zu einer neuartigen, eigenständigen Kunstform transformiert. Auch in der heute nicht mehr existenten, buddhistischen Tempelarchitektur Kaschmirs werden sich diese vielen Einflüsse manifestiert haben, von wo sie in den Westhimalaya übernommen wurden und in neuem, tibeto-himalayischem Zusammenhang zum Einsatz kamen. So ist zum Beispiel der Sumtsek-Tempel des Klosters Alchi in Ladakh eine faszinierende Mischung aus indigen-tibetischer Lehm- und Steinarchitektur und kaschmirischen Holzelementen (Giebel, Säulen und ihre Kapitelle, Zierbögen und -balken, Tür- und Fensterrahmen), deren Ursprünge sich bis nach Byzanz, Rom und Griechenland zurückverfolgen lassen.

Wie fand nun die buddhistische Kunst aus den fruchtbaren Ebenen Kaschmirs ihren Weg in die dürren Hochwüsten im und jenseits des Himalaya? Im Wesentlichen waren drei Mechanismen dafür verantwortlich: Missionsaktivitäten, Anziehungskraft auf Seiten des Gastgeberlandes und kulturelle Gefährdung im Ursprungsland. Durch Handel, Mission und Militäraktionen war Tibet im 7./8. Jahrhundert bereits mit vielen Kulturen und Reichen einer Region verbunden, die sich von Zentralasien über Nepal und Nordindien bis nach Burma erstreckte. Während dieser Zeit regierte die erste Dynastie Zentraltibets, die der Purgyul aus dem Yarlung-Tal. Sie tradierten weiter ihre originären animistischen Kulte, unterstützten aber gleichzeitig zunehmend den Buddhismus. Man lud indische und chinesische Meister zur Unterweisung in das Land ein und unterstützte den Bau buddhistischer Tempel sowie die Übersetzung buddhistischer Texte vom Sanskrit ins Tibetische. Am Ende der ersten Verbreitungswelle des Buddhismus in Tibet Mitte des 9. Jahrhunderts waren 900 Texte von 80 Gelehrten übersetzt worden, von denen mindestens 40 Ausländer gewesen waren. Im Bereich der Liturgie nahm Tibet die zentralen Lehren des Mahayana-Buddhismus an – die Dreikörperlehre und die Mahavairochana-Sutra –, die von seinen Nachbarländern im späten 8. Jahrhundert favorisiert wurden. Fünfzig Jahre später wurden diese um die Lehren zu Amitabha und dessen zugehörigem Bodhisattva Avalokiteshvara als ultimative Verkörperung unbegrenzten Mitgefühls erweitert. Ästhetisch gesehen, scheint unter der ersten Dynastie Nepal maßgebend für die frühe tibetische Kunst gewesen zu sein. Tragbare Bildnisse aus den verschiedenen Regionen unter tibetischer Herrschaft oder seinen Nachbarländern, vor allem aus Kaschmir, standen in hohem Ansehen, dienten erstaunlicherweise jedoch nicht als Vorbilder für einheimisches künstlerisches Schaffen.

Aus Gründen entstehender sozialer Spannungen brach im frühen 9. Jahrhundert mit der Ermordung des damaligen Regenten Ralpachen (816–836) durch seinen älteren Bruder Langdarma die Purgyul-Dynastie zusammen. Langdarma war ein Anhänger der prä-buddhistischen Kulte, die während seiner Regentschaft ihren Status als führende Glaubensrichtung des Landes zurückerhielten. Daher ist aus der folgenden, zwei Jahrhunderte andauernden Epoche Tibets auch nur wenig über buddhistische Kunst oder deren Förderung bekannt. Im Gegenteil: Buddhistische Klöster wurden zerstört, die indischen Meister blieben dem Land fern und Buddhisten wurden verfolgt. In Zentraltibet existierte der Buddhismus nur in kleinen Gemeinschaften im Norden des Landes fort. Doch Langdarmas Herrschaft bestand lediglich drei Jahre, als auch auf ihn ein Attentat verübt wurde. Der Konflikt der rivalisierenden Familienzweige zog sich über zwei Generationen hin, bis Anfang des 10. Jahrhunderts einer der Herrschaftsansprüche anmeldenden Nachfolger, Kyi De Nyima Gon, zusammen mit Hunderten von Anhängern ins westliche Tibet floh. In der entlegenen Region des friedlichen Purang ließ er sich nieder und wurde durch die Annektierung mehrerer benachbarter Fürstentü-

Felsbildnisse in Ladakh und Zanskar. Gegenüber oben: *Felsgravierungen von Steinböcken, Jagdszenen, Stupas und Kreuz-Tamgas in Dongga (West-Ladakh). Foto: B.P. Lal 1909, Courtesy: Friends of the Kern Institute, Leiden (P-039039).* Gegenüber unten: *Figur mit riesigen, abwehrenden Händen, Bheema (Dah-Hanu), ca. 3000 v.Chr. Foto: R. Vohra.*

Oben rechts: *Kunstvolle »indische« Stupas auf einem Stein in Phe (Zanskar), ca. 1200.* Oben links: *Ur-Buddha Vajrasattva auf einem Mani-Stein, Zanskar, ca. 12. Jahrhundert.* Unten: *Felsbildnis des Buddhas der Zukunft, Maitreya, in Mulbekh (Ladakh) im Spätgupta-Stil, 8. Jahrhundert. Fotos oben links und unten: H. Harrer.*

mer bald zum Großkönig einer Region, die sich zum Zeitpunkt seines Todes neben Purang über Guge, Ladakh, Zanskar, Lahaul, Spiti, das nördliche Kinnaur und sogar das Kullu-Tal erstreckte. Angrenzend an Kaschmir im Westen, Indien im Süden und Nepal im Südosten war dieses Königreich ein Dreh- und Angelpunkt zwischen Zentraltibet, der Seidenstraße (via Kaschmir und dem Karakorum-Gebirge) sowie potentiell auch weiter entfernt liegenden Ländern wie dem Iran. Verständlicherweise bereicherten diese Kulturen das kulturelle Schaffen dieses westtibetischen Königreiches – vor allem, als es unter Kyi Des drei Söhnen in Zanskar, Spiti und Kullu sowie Purang-Guge aufgeteilt wurde und in der zweiten Generation nach Kyi De eine Person den Thron Purang-Guges erklomm, die zu einem der wichtigsten Erneuerer der buddhistischen Tradition in Tibet werden sollte, die seit Langdarma 200 Jahre lang nahezu verfallen gewesen war: König Khor De (ca. 947–1024).

Unter seiner Hand begann das Königshaus von Guge die Fortführung der Tradition der Schirmherrschaft über die Verbreitung des Buddhismus in Tibet. Khor De legte sogar seinen weltlichen Namen ab und wurde zusammen mit seinen beiden Neffen selbst Mönch (womit ihnen auch der religiöse Machtbereich zufiel), was ihm den Titel Lha Lama Yeshe Ö (»Erhabener Meister – Ruhm der Weisheit«) einbrachte. Im Jahre 989 tat sich Yeshe Ö mit einem Mann zusammen, der zu einer der wichtigsten Personen des Buddhismus seiner Zeit und der religiösen Geschichte Tibets überhaupt werden sollte und dessen Verdienste nach nunmehr tausend Jahren im gesamten Westhimalaya in immer noch überraschend lebendiger und ehrfurchtsvoller Weise gewürdigt werden: Rinchen Zangpo, der Lotsava – der »Große Übersetzer« (958–1055).

Yeshe Ö sandte den in Guge geborenen Mönch Rinchen Zangpo mit mehreren anderen Studenten nach Kaschmir, um buddhistische Philosophie zu studieren. Im Jahr 995 kehrte er zurück, zusammen mit 32 kaschmirischen Künstlern, die die Innenräume der wichtigen Klöster wie Tholing in Guge und Tabo in Spiti wie auch die der zahlreichen weiteren sakralen Bauten, die Rinchen Zangpo noch im Verlauf seines Lebens begründen würde, ausgestalten sollten. Dies bezeugt die enge Verbindung des geografisch, politisch und intellektuell vom kulturellen Kernland Tibets zwischen Sakya und dem Yarlung-Tal abgetrennten Königreichs Guge mit Kaschmir, Swat und Udhyana (heutiges Pakistan), damals zu den höchstentwickelten geistigen Zentren des Mahayana gehörend. Obwohl diese Regionen zu jener Zeit noch sichere Enklaven hinduistischer und buddhistischer Glaubensrichtungen waren, gibt es gleichzeitig Hinweise darauf, dass die Situation für Anhänger dieser Religionen in Kaschmir und den umliegenden Gebieten zunehmend unsicher wurde, da die Gefahr islamischer Invasionen stetig zunahm. So werden buddhistische Künstler von dort die Einladung ins westliche Tibet gerne angenommen haben, wo sie bei Hofe freudig willkommen geheißen wurden und geförderte Auftragsarbeit verrichten konnten. Gleichzeitig wurden kaschmirische Pandits (Gelehrte, Heilige) nach Guge eingeladen, um den Dharma gemäß der Ideale,

Gegenüber oben: *»Indische« Stupa-Darstellungen im Großen Stupa Nr. 1 von Alchi (Ladakh), die stilistisch jenen des Tsug Lhakangs von Tabo in Spiti ähneln (siehe Seite 88), ca. 1200.* Gegenüber unten: *Deckenmalerei im selben Stupa, die Medaillons mit Motiven von Reitern zeigt, die rückwärts gewandt mit dem Bogen schießen – ein bis in die Sassaniden-Zeit (3.–7. Jahrhundert) zurückreichendes persisches Motiv, das eindrucksvoll veranschaulicht, wie breit die Einflüsse auf die kaschmirische und somit auf die westhimalayische Kunst waren.*

Oben: *In den 33 Figuren des Vajradhatu-Mandalas im Tsug Lhakang von Tabo (Spiti) erreicht die Lehmskulpturkunst des Westhimalaya um 1042 ihren Höhepunkt. In keinem anderen Tempel sind die Gesichtszüge der Figuren derart fein und elegant herausgearbeitet, besitzen die Häupter derart viel Grazie und Würde. Dies liegt auch an der detailreichen Gestaltung der Kronen und des Schmucks, der sanften Art, in der das Haar die Gottheiten umspielt, sowie an der feinen Linienführung in der Bemalung, die zum Teil noch aus der Ursprungszeit erhalten sind. Von links nach rechts: Vajraritya, Vajradharma und Vajraketu. Alle Fotos: C. Luczanits. Western Himalaya Archive, Wien (20490, 21853, 21683).*

Oben: *In der Apsis des Tsug Lhakang von Tabo (Spiti) finden die Lehmskulpturen ihre meisterlich gemalten Entsprechungen. Mahabodhisattva Shresthin, ca. 1042. Foto: H. Neumann.*

Gegenüber: *Malereien aus der ersten Hälfte des 11. Jahrhunderts in einem jüngst ausgegrabenen Chörten in Tholing (Guge, Westtibet), die, wie die Schleier hinter den Häuptern der Göttinnen nahelegen, wohl von kaschmirischen Künstlern stammen. Alle Fotos: P. Namgyal.*

in denen auch Rinchen Zangpo unterwiesen worden war, darzulegen. In dieser Epoche standen Vairochana und die vier Tathagatas (Lichtbuddhas) immer noch im Zentrum der Verehrung. Sie mit den ihnen zugeordneten Gottheiten in ihren Reichen als komplexe zwei- oder dreidimensionale Mandalas abzubilden, wurde zu einer Hauptaufgabe der Tempelinnengestaltung jener Zeit (zum Beispiel in Tabo). Auch sind in jenen frühen Tempelinnenräumen oft Mandalas zu finden, die sich auf Manjushri, den Bodhisattva der Weisheit beziehen. Dieser steht in enger Beziehung zum Mandala Vairochanas und auch zur Prajnaparamita-Textgattung, den Schriften zur »Perfektion der Weisheit«. Die weibliche Gottheit Prajnaparamita findet sich daher ebenfalls häufig in den frühen westtibetischen Tempeln dargestellt. Ein weiteres favorisiertes Konzept war der Rigsumgompo-Kult (die drei Bodhisattvas Avalokiteshvara, Manjushri und Padmapani als Vertreter der buddhistischen Ideale von Mitgefühl, Weisheit und dynamischer Energie), und im Laufe der Entwicklung des ikonografischen Programms reicherten Göttinnen wie Tara oder gewisse Aspekte von Gottheiten, zornvoll oder friedlich, männlich oder weiblich oder in Vereinigung miteinander die Darstellungen des buddhistischen Pantheons sowohl in Malerei wie Bildhauerei an.

Stilistisch gesehen, weisen die frühesten erhaltenen Körperdarstellungen der Kunst Westtibets im Tsug Lhakang von Tabo (996 bzw. 1042) oder im Nyag Lhakang Kharpo von Khartse in Guge (ca. 1030) idealisierte und überzeichnete Proportionen auf. So sind für den männlichen Torso athletisch-breite Schultern, eine schmale Taille und eine Welle in den Bauchmuskeln um den Nabel herum typisch. Der weibliche Oberkörper ist sanduhrförmig gestaltet mit einer winzigen Taille, wodurch die ohnehin bereits dominant gestalteten Rundungen von Brüsten und Hüften noch hervorgehoben werden. Die Extremitäten sind relativ lang, schlank und feingliedrig. Die Muster der gezeigten Stoffe variieren und verraten mitunter die vielfältigen Einflüsse auf die Kunst Kaschmirs (unter anderem von den Sassaniden aus Zentralasien). Dhotis weisen Streifen von der Hüfte bis zu den Fußgelenken auf oder sind medaillonartig gestaltet. Bei Plastiken sind diese Elemente als Einlegearbeiten in Silber oder Kupfer gefertigt. In der Regel sind Gottheiten von zwei ovalen oder runden Heiligenscheinen umgeben – einer umkränzt den Kopf, der andere die gesamte Figur. Die Gesichter sind eher breit gehalten mit mandelförmigen Augen, die bei Skulpturen silbern eingelegt, zu den äußeren Rändern hin verlängert, spitz zulaufend und oft mit einer schwarzen (und/oder roten) Umrandung versehen sind. Die Nasen sind dünn, und die Münder wirken zwischen den eher runden Backen komprimiert. Bodhisattvas sind reich mit fürstlichem Ornat geschmückt: Ihre Kronen sind in drei beziehungsweise fünf dreieckige Platten geteilt und weisen sichelförmige Bänder über Reihen von Perlen auf. Fein gestaltete Ringe hängen von den geweiteten Ohrlöchern, Armreife, -ringe und -spangen zieren die Arme. Diese Merkmale setzen sich in der späteren kaschmirisch beeinflussten Kunst Westtibets unterschiedlich stark betont fort.

Malereien aus dem Ende des 11. Jahrhunderts in der »Höhle der Mandala-Decke« in Dungkar (Guge, Westtibet). Die Wände sind mit Medaillons bemalt, in denen einzigartig spontane, von flinker Linienführung und offenem Umgang mit den ikonografischen Vorgaben geprägte Bodhisattva-Darstellungen zu sehen sind. Die Decke zeigt ein geschickt in fünf Schichten aufgeteiltes Mandala eines achtarmigen Manjushri (Dharmadhatu Vagishvara), in dem die zugehörigen Gottheiten ebenso vielfältig und phantasievoll gemalt sind. Alle Fotos: H. Neumann.

Im Jahr 988 hatte Yeshe Ö bereits ein Gesetz erlassen, mit dem die Gründung lokaler Ateliers zur Herstellung von Tempelbildnissen gefördert werden sollte. Die ausländischen Arbeiten sollten als Vorlagen integriert und der lokale Vorrat durch den Aufruf an die Bevölkerung, Bildnisse aus ihrem Besitz zur Verfügung zu stellen, sichergestellt werden. Dieses Edikt scheint wesentlich für die Erklärung der großen stilistischen Bandbreite, die man in den späteren, aus dem 11. und 12. Jahrhundert erhaltenen Tempeln des Westhimalaya findet. Zwar fallen sie alle unter die Kategorie kaschmirisch beeinflusster westtibetischer Kunst, sind jedoch stilistisch oftmals so weit voneinander entfernt, dass es den Anschein hat, sie seien von verschiedenen lokalen und lokal ausgebildeten Künstlern angefertigt worden – höchstwahrscheinlich unter Anleitung kaschmirischer Künstler, die in den ikonografischen Regeln bewandert waren. Dies legen auch die Ähnlichkeiten nahe, die zwischen westtibetischen buddhistischen Malereien sowie Skulpturen und zeitgleichen skulpturalen Darstellungen von hinduistischen Gottheiten aus benachbarten Regionen wie Kinnaur und Kullu bestehen. Beispiele der in Tempeln dieser Kunstepoche erhaltenen diversen stilistischen Variationen sind der Malakartse Khar Stupa nahe Zangla in Zanskar (Mitte/Ende 11. Jahrhundert), die Höhlentempel von Dungkar und Piyang in Guge (Ende 11. Jahrhundert), Lotsava Lhakang und Oberer Tempel von Nako im nördlichen Kinnaur (erste Hälfte 12. Jahrhundert), der Chamba Lhakang von Sku, einige erhaltene Chörten von Nyarma, der Dukhang von Alchi, die Tempel von Mangyu in Ladakh sowie Sumda in Zanskar (Mitte 12. bis frühes 13. Jahrhundert).

Durch die Anwesenheit von indischen Gelehrten in Tibet (deren berühmtester wohl der ostindische Meister Atisha gewesen sein dürfte, der zunächst in Guge und dann in Zentraltibet weilte), die Abhaltung großer Konzile in Tabo und Tholing, an denen indische wie tibetische Meister teilnahmen, sowie durch die fortlaufende Übersetzung der Sanskrit-Texte ins Tibetische und die Gründung einer großen Anzahl von Tempeln wurde die zweite Phase der Verbreitung des Buddhismus für Tibet zu einem »Goldenen Zeitalter«. Kunsthistorisch gesehen, hat Atishas Anwesenheit in Zentraltibet wohl die dortigen Vorlieben für die ästhetischen Ideale des östlichen Indien noch gefördert: Pala, der dritte stilistische Einfluss, der die nepalischen Ströme der frühen zentraltibetischen Kunst ergänzte.

Mit dem 12. Jahrhundert scheinen die großzügigen Förderungen buddhistischer Aktivitäten durch die Könige von Guge zum Erliegen gekommen zu sein, da das Reich immer weiter auseinanderfiel und Teile davon unter nepalischen Einfluss gerieten. Gleichzeitig nahm wohl die Bedeutung des kaschmirischen Buddhismus und dessen Kunst mit dem ersten Einfall muslimischer Eroberer ab. Die herrlichen Wandmalereien des Sumtsek-Tempels von Alchi in Ladakh aus der Zeit um 1200 sind das letzte Beispiel der frühen, von Kaschmir beeinflussten Malerei Westtibets, in vollendeter Form und manieristischem Stil, wohl von Künstlern aus Kaschmir selbst angefertigt. Ab dem

11. Jahrhundert waren der westtibetischen Initiative der gönnerhaften Förderung des Buddhismus ähnliche Bestrebungen im zentralen Tibet gefolgt, als die Umstände für Buddhisten auch hier wieder freundlicher wurden. So viele Tibeter waren zum Studium nach Kaschmir, Nepal und Indien aufgebrochen, dass sich bei ihrer Rückkehr um die charismatischsten von ihnen die vier hauptsächlichen Schulen der tibetisch-buddhistischen Lehren formierten. Eine dieser Schulen, jene der Kagyü-pa, erreichte von Zentraltibet aus bald auch Guge und brachte dorthin die vorherrschenden ästhetischen Prinzipien mit, die bereits auf eine Vergangenheit der Beeinflussung durch die Stile Ostindiens und Nepals blicken konnten. Einer der Tempelorte, der von dieser Schule wohl gegründet worden ist und der als Zeugnis dieses Übergangs von kaschmirisch beeinflusstem westtibetischem Stil zu ostindisch/nepalisch beeinflusstem zentraltibetischem Stil interpretiert werden kann, ist der Serkhang von Lhalung in Spiti (wahrscheinlich aus dem frühen 13. Jahrhundert). Seine Skulpturen zeigen zwar noch kaschmirisch beeinflusste Charakteristika (Ikonographie, Themen, opulentes Rankenwerk als Rahmen der Figuren), doch finden sich ebenfalls bereits große Anteile nepalischer Elemente wie Augen-, Kronen- und Körperformen, Haltung et cetera.

Überhaupt waren die nächsten Jahrhunderte geprägt von der intensivierten Einbindung nepalischer Newari-Künstler in das künstlerische Schaffen Zentraltibets. Ihre Arbeiten gelangten durch die religiösen Schulen, vor allem die Kagyü-pa, auch nach Westtibet, und da zu dieser Zeit Teile des ehemaligen Purang-Guge dem westnepalischen Khasa-Malla-Königreich angehörten, welches wiederum die Kagyü-pa förderte, fand dieser Kunststil seinen Weg auch in die Gestaltung westtibetischer und ladakhischer Tempel. Lokale westtibetisch-ladakhische Idiome dieses stark von Zentraltibet beeinflussten Stils wurden zur Hauptrichtung der buddhistischen Kunst des Westhimalaya im 13. und 14. Jahrhundert. (In Ladakh: Guru Lhakang in Phiyang, die Höhlen in Saspol, Tashi Sumtsek in Wanla, Tsug Lhakang in Kanji, Sengge Lhakang in Lamayuru, Lhakang Soma und Lotsava Lhakang in Alchi. In Zanskar: Chuchikshel Lhakang in Karsha, der Chörten von Itchar). Die nepalische Ästhetik und ihre Pala-Komponenten lassen sich in den Kompositionen der Malereien erkennen, die zunehmend die Darstellung von geistigen Abstammungslinien und Gönnern aufweisen sowie charakteristisch leuchtende Rotschattierungen und reich gestaltete, belaubte und umrankte Thron-Motive zeigen. Bei der Darstellung von Figuren gelangt Schattierung nur geringfügig zum Einsatz, womit Größe suggeriert beziehungsweise ein subtiler Kontrast erzeugt werden soll. Um zentrale Buddhas herum gruppierte, stehende Begleitpersonen weisen eine deutliche indische Tribhanga-Haltung (ein »dreifach gebogener« Kontrapost) auf, und Gewänder sind in Bezug auf Dessins und Tragweise typisch nepalisch, ebenso wie der Schmuck. Die herzförmigen Gesichter zeigen geschwungene obere Augenlider und sanft lächelnde Münder. Die Frisuren sind meist charakteristisch hoch drapiert, im Falle von Bodhisattvas hinter Kronen mit kleinen Dreiecken. Obwohl teilweise nur

Zahlreiche Klöster im Westhimalaya besitzen Figuren, die in ihrer Provenienz eindeutig Kaschmir zugeschrieben werden können. Gegenüber: *Zwei von Babu Pindi Lal 1909 in Tabo (Spiti) fotografierte Holzschnitzereien; möglicherweise Teile von Säulenkapitellen, die bis heute verschollen sind. Courtesy: Friends of the Kern Institute, Leiden (P-038936, -37).*

Diese Seite: *Vier Padmapani-Messingfiguren kaschmirischer Herkunft, zum Teil mit vergoldeten Gesichtern und Einlegearbeiten aus Silber und Kupfer, dazu Halbedelsteine und Bemalung.* Oben: *12. Jahrhundert, Kloster Hemis (Ladakh). Beide Fotos: M. Henss.* Rechts: *10. Jahrhundert, Sammlung Sud, Shimla.* Ganz rechts: *Aus dem Besitz des Nagaraja, eines Nachfolgers des berühmten Yeshe Ö (ca. 947–1024), 9./10. Jahrhundert, Linden-Museum, Stuttgart (SA 00863L). Foto: A. Dreyer.*

Malereien aus der Mitte des 12. Jahrhunderts bis ins frühe 13. Jahrhundert

Gegenüber links: *Die meisterhaft ausgewogene Gestaltung der sechsarmigen Grünen Tara an der Südwand des Dukhang von Alchi (Ladakh) beruht auf der Art, in der das Spannungsverhältnis zwischen meditativer Ruhe (Lotossitz) und helfender Aktivität (die vielen dynamischen Arme, der leicht zur Seite geneigte Kopf), das die Gottheit in sich vereinigt, künstlerisch zum Ausdruck gebracht wird.*
Gegenüber rechts: *Das in dieser Zeit neben dem Vajradhatu-Mandala am meisten favorisierte erkenntnistheoretische Konzept war das komplexe Mandala des Dharmadhatu Vagishvara Manjushri. Zentralausschnitt, Seitenwand des Dukhang von Alchi (Ladakh).*

Links: *Auch im Kloster von Sumda ist die Südwestwand der Versammlungshalle mit einem 2,5 Quadratmeter großen Mandala diesem Aspekt Manjushris gewidmet. An den Eingängen umspielen fliegende Apsaras in Verehrung des Bodhisattvas der Weisheit die detailliert ausgeführten Miniaturgottheiten des äußeren Rings.*
Rechts: *Die freien Flächen neben dem Mandala nehmen Reihen der in Schattierungstechnik gestalteten Fünf Lichtbuddhas ein (insgesamt 250). Manche ihrer Gewänder zeigen im Faltenwurf den gandharischen Einfluss auf die Kunst Kaschmirs (vergleiche die 1000 Lichtbuddhas der Apsis des Tsug Lhakang von Tabo in Spiti, Seite 90). Alle Fotos: M. Henss.*

Links: *Kopf der vier Meter hohen, vierarmigen Avalokiteshvara-Lehmfigur in einer Kapelle in Sumda, Anfang 13. Jahrhundert.* Rechts: *Zentrales Kreisquadrat des Dharmadhatu-Vagishvara-Manjushri-Mandalas im Shakyamuni-Tempel von Mangyu, Ende 11. Jahrhundert. Fotos: M. Henss.*

schlecht erhalten, befindet sich ein besonders schönes und fein ausgeführtes Beispiel dieses Gya Lug oder »Indischen Stils«, wie dieser Malstil auch genannt wird, im Kadampa Chörten von Karsha in Zanskar (ca. spätes 12. Jahrhundert).

Mit dem Untergang des Khasa-Malla-Königreichs in der zweiten Hälfte des 14. Jahrhunderts erhielt Guge seine Unabhängigkeit zurück. Tsaparang wurde zum Königssitz und viele Tempel, die bereits während der zweiten Verbreitung des Buddhismus gegründet worden waren, wurden wiederbelebt und oftmals in Bezugnahme auf die frühe Ästhetik Kaschmirs neu ausgestaltet. Obwohl man dem späteren zentraltibetischen Ideal anhing, Gottheiten in monumentaler Größe darzustellen, weisen die ältesten Malereien dieser zweiten Kunstperiode Guges, die der erzählenden Friese im Dukhang (»Roter Tempel«) von Tholing (15. Jahrhundert), viele der stilistischen Schemata der frühen Guge-Malerei auf. Dazu gehören etwa die spezifische Schattierung des Kör-

Malereien einer Weißen und einer Grünen Tara im begehbaren Chörten hinter dem Dorf Mangyu aus dem Jahre 1225. In ihnen lebt ein letztes Mal der im Sumtsek-Tempel von Alchi zur Vollendung gebrachte Kunststil auf. Fotos: C. Luczanits. Western Himalaya Archive, Wien (16807, -08).

Malereien in begehbaren Chörten

Der Königinnen-Chörten von Karsha (Zanskar, zweite Hälfte des 16. Jahrhunderts) zeigt stilistische Ähnlichkeiten zu den Malereien im Labrang-Tempel des Klosters Karsha, die ihrerseits in der Verbindung mit nepalisch-zenraltibetischen Stilelementen Reminiszenzen an die Kunst Kaschmirs darstellen. Oben: *Vairochana, flankiert von Maitreya und Avalokiteshvara.* Unten: *Detail eines blauen Bodhisattvas.* Gegenüber: *Fliegende, vierarmige Gottheiten mit Fliegenwedeln, Sonnenschirmen und Opfergaben, die dem Buddha, symbolisiert durch den Stupa, Verehrung zollen. Eckbemalung auf Holz im Großen Stupa Nr. 1 von Alchi (Ladakh) im Stil des Sumtsek-Tempels, um das Jahr 1200. Foto: M. Henss.*

pers, typisch kaschmirisch geschlitzte Augen, radiale Energiestrahlen im Heiligenschein oder die sinnlichen Gewänder weiblicher Gottheiten. Fortentwicklungen dieses wiederum äußerst feinen, detailreichen und nuancierten Stils, in dem sich zwar zunehmend auch zentraltibetische Elemente finden (Ähnlichkeiten zum Beispiel zum großen Stupa von Gyantse), der jedoch durchgehend bis zum 17. Jahrhundert einen ganz eigenen, starken, westtibetischen Charakter aufweist, in dem das Erbe Kaschmirs ganz klar ein zweites Mal auflebt, finden sich nicht nur in Guge (Weißer Tempel von Tholing, Weißer und Roter Tempel von Tsaparang), sondern auch an anderen, mitunter weit entfernten Tempelstätten: Serkhang, Gönkhang und Pho Gompa sowie Deckenmalereien des Dömton Lhakang Chenpo von Tabo in Spiti, Rangrigtse Gompa von Charang in Kinnaur, Labrang von Karsha sowie Tönpa Lhakang von Phugtal in Zanskar und Chamba Lhakang von Basgo in Ladakh (vor seiner rezenten Komplettübermalung). Auch andere Klosterräume in Ladakh – etwa im Tsemo-Tempel und im Roten Tempel am Schlossberg oberhalb Lehs, die auf das 15. und 16. Jahrhundert zurückgehen – zeigen diese westtibetischen Schemata, gerade in der Gesamtphysiognomie und den Gesichtern der Figuren. Die späteren Darstellungen sind teilweise stark ladakhisch adaptiert (zum Beispiel Gönkhang von Tsemo), doch das »Expressive« der Schutzgottheiten, die Gestaltung der Lotosthrone und die Anwendung der typischen Guge-Schattierungstechnik (Gönkhang von Phiyang) verrät doch immer wieder das ursprüngliche Vorbild. Dies alles spricht für einen starken überregionalen Einfluss, den das Königreich Guge zwischen seiner Neubildung im 15. Jahrhundert und seiner Übernahme durch Zentraltibet im frühen 17. Jahrhundert wohl ausüben konnte.

Mit diesem Wechsel der politischen Machtverhältnisse verschwinden dann auch die Eigenheiten einer genuin westtibetischen/westhimalayischen Kunst. Sie werden verdrängt von einem allgemein »tibetisch-internationalen« Stil, dem man in allen Teilen der tibetischen Welt – von Kham bis Ladakh und von Bhutan bis in die Mongolei – folgt. Er gründet sich auf der zentraltibetisch verfügten strikten Ikonometrie für gemalte Themen, deren Vervielfältigung durch den Holzstockdruck im 18. Jahrhundert die Einführung einer Reihe relativ einheitlicher zentraltibetischer Stile zur Folge hatte. Doch trotz des recht engen ikonometrischen und ikonografischen Rahmens haben sich individueller künstlerischer Ausdruck und besondere Schönheit bis heute immer wieder durchgesetzt und die tibetische Malerei zumindest lokal bereichert. Beispiele hierfür sind die feinen, höchst individuellen und chinesisch beeinflussten Malereien im Lhakang Nyingpa von Hemis in Ladakh (18. Jahrhundert) und in der Khardang Gompa in Lahaul (20. Jahrhundert), die Wandmalereien im Sakya-Stil von Bardan in Zanskar (17. Jahrhundert) und die hervorragenden Lokapala-Darstellungen des Dorfklosters von Kaza in Spiti (20. Jahrhundert).

Beispiele für die lokalen westtibetisch-ladakhischen Ausprägungen des stark von Zentraltibet beeinflussten Stils des 13. und 14. Jahrhunderts, in dem – abgeleitet vom Ideal der Darstellung von Abstammungslinien – Flächen vollkommen mit Figuren-Medaillons ausgefüllt sind, Rot zur dominierenden Farbe wird und die Schattierungstechnik nurmehr vermindert zum Einsatz kommt.

Links: *Vier Mandalas im Gompa-Tempel, Alchi (Ladakh).* Oben und gegenüber: *Malereien in der Höhle Nr. 3 von Saspol (Ladakh): Amitabha auf der Lotosblume im Zentrum seines westlichen Paradieses; meisterliche Darstellung des Buddha Shakyamuni mit seinen beiden Lieblingsschülern. Besonders die Gewandgestaltung und die Strukturierung der Flächen lassen Erinnerungen an die kaschmirische Kunst aufleben, nehmen jedoch auch bereits die Entwicklungen der zweiten Phase westtibetischer Kunst des 15. bis 17. Jahrhunderts vorweg.*
Alle Fotos: M. Henss.

Weitere Beispiele des im Westhimalaya dominierenden Kunststils des 13. und 14. Jahrhunderts

Links: *Die hervorragende Darstellung eines Mandalas des Buddhas Akshobhya als Deckenbemalung des Chörten von Itchar (Zanskar). Die zentrale Gottheit mit zwei zugeordneten Bodhisattvas ist umgeben von den restlichen vier Lichtbuddhas, dargestellt in geschmackvoll abgetönten und in Schattierungstechnik aufgetragenen Primärfarben. Ikonografisch scheint Akshobhya, typisch für die spätere Form, die die Doktrin zu diesem Zeitpunkt bereits angenommen hatte, den ursprünglich zentralen Vairochana verdrängt zu haben. Im nächsten Mandala-Segment wiederholen sich die vier Lichtbuddhas, diesmal umgeben von Darstellungen der acht buddhistischen Glückssymbole, gefolgt von vier Schutzgottheiten im nächst äußeren, von fein durchstrukturierten Fonds bestimmten Segment, die wahrscheinlich Formen des Mahakala darstellen und deren Kraft von Schneelöwen unterstrichen wird. Die äußersten Ecksegmente schließlich teilen sich die vier Weltenhüter mit Drachenwesen.*

Gegenüber: *Manjushri, der mit dem Schwert den Schleier der Unwissenheit zerteilt, umgeben vom Motiv seiner Vertausendfachung. Gompa-Tempel in Alchi (Ladakh). Alle Fotos: M. Henss.*

Im 13./14. Jahrhundert gelangten die Künstler gerade bei der Darstellung der Schutzgottheiten zu teilweise ganz eigenen Gestaltungskonzepten, in denen das Furchterregende mitunter auf ein Minimum reduziert ist, zum Beispiel im sechsarmigen Mahakala im Lotsava Lhakang von Phiyang (links). *In der Bordüre über ihm erkennt man Atisha, Padmapa Sangye, Padmasambhava und Virupa.* Rechts: *In den Schattierungstechniken des gelben Prajna-Mahakala aus dem 16. Jahrhundert im Gönkhang von Phiyang erkennt man noch, trotz starker ladakhischer Adaption, deutliche Reminiszenzen an die Kunst Guges.*

Gegenüber: *Ein wahres Meisterwerk lokaler, dem westtibetischen Kunsterbe verpflichteter Tradition ist die vortrefflich gelungene Darstellung des Garuda-Göttervogels im Lotsava Lhakang von Phiyang. Er wird eigentlich als Reittier des transzendenten Buddha Amoghasiddhi dargestellt bzw. als Spitze der Thronaureole Buddhas, nur äußerst selten erscheint er alleine. Hier hat er neun Köpfe und Armpaare, deren Hände je ein Naga-Schlangenwesen am Schwanz festhalten und somit bändigen.*

Malereien der zweiten Kunstperiode Guges im Dukhang (»Roter Tempel«) von Tholing aus dem 15. Jahrhundert, in denen viele der stilistischen Schemata der frühen Guge-Malerei auftreten, etwa die spezifische Schattierung des Körpers, die typisch kaschmirisch geschlitzten Augen, radiale Energiestrahlen im Heiligenschein und sinnliche Gewänder.

Oben und gegenüber: *Szenen aus dem Leben des Buddha. Das Neugeborene wird von einem indischen Gott mit tausend Augen aufgefangen; der junge Prinz Siddharta im königlichen Ornat. Beide Fotos: J. Poncar, Western Himalaya Archive, Wien (6891, 25253).* Links: *Eine meisterliche Darstellung des Maitreya, die in allen Details an die erste Phase der Kunst Guges erinnert (Gesichts- und Augenform, Haartracht, Schmuck, Körperhaltung, Nabelform und Bauchmuskeln). In der Gestaltung von Krone und Kostüm ist dieses Bildnis, obschon ungleich barocker, denen des Serkhang von Tabo in Spiti sehr ähnlich (vergleiche die Grüne Tara auf Seite 90). Foto: H. Neumann.*

Gegenüber: *Ausdrucksstarke Deckenmalerei eines Naga-Schlangenkönigs mit flammendem Wunschjuwel im Dömton Lhakang Chenpo von Tabo in Spiti.*

Rechts: *Rollbild (Thangka) im Chamba Lhakang von Basgo. Es zeigt eine Shadakshari-Triade, bestehend aus Shadakshari Lokeshvara – Avalokiteshvara als Herr der Sechs Silben (Om mani padme hum – die populärste Gebetsformel des tibetischen Kulturraums) – flankiert von Manidhara, dem Juwelenhalter, und Mahavidya, die das mystische Wissen um das Mantra symbolisiert. Das Mantra selbst ist in Form von zwei mal drei Lotosblüten an den Seiten der Triade dargestellt. Als geistiger Vater der Bodhisattvas schwebt Amitabha in der Krone des Baldachins, hohe Lamas und weitere Bodhisattvas umgeben das zentrale Arrangement. Im unteren Bildteil ist Vaishravana, der Gott des Reichtums zu sehen, und der Stifterszene wird links großer Raum eingeräumt. Sie zeigt möglicherweise einen König aus Ladakh, der die Thangka in Auftrag gegeben hat bzw. dem sie gewidmet ist. So könnte es sich bei der zentralen Figur der Stifterszene um König Tashi Namgyal (Regentschaft ca. 1555–1575) handeln, wie ein Vergleich mit dem Bildnis im Gönkhang auf dem Tsemo-Hügel in Leh nahelegt (siehe Foto Seite 192 unten). Das Rollbild kam aber wohl aus Guge hierher (vielleicht als Geschenk an den König), von wo aus jener Zeit weitere Thangkas und Wandmalereien (etwa aus dem Königssitz Tsaparang) mit dem typischen gelblich-weißen Teint der Hauptgottheiten bekannt sind. Foto: M. Henss.*

Schutzgottheiten im Gönkhang von Tabo in Spiti

Gegenüber: *Stilistisch wirkt die eindrucksvolle Malerei des roten Mahakala mit ihren unvergleichlich tiefschwarzen (leeren) Augen wie eine zweidimensionale Kopie der Hayagriva-Skulptur im Weißen Tempel von Tsaparang (Guge). Sie kann also dem frühen 16. Jahrhundert zugeschrieben werden und wurde, wie die anderen Malereien dieses und weiterer Tempel Tabos, von Künstlern aus Guge angefertigt.*
Oben rechts: *Dasselbe gilt für die höchst dynamische Darstellung des neunköpfigen Vajrabhairava mit 16 Beinen und 34 Armen in Vereinigung mit seiner Partnerin Vidyadhara, zu der ein nahezu identisches Pendant als Rollbild (Thangka) in einer Privatsammlung in San Francisco besteht* (oben links).

Werke späterer Epochen

Auch nachdem das typisch westtibetische Kunstidiom, das im mittlerweile zerstörten Bildnis der Grünen Tara im Tsemo-Tempel in Leh (Ladakh) aus dem 15. Jahrhundert noch klar erkennbar war (Foto gegenüber links: T. Inoue), gegen Ende des 17. Jahrhunderts verschwand, entstanden im Westhimalaya noch viele künstlerische Werke von hohem Rang. Als Beispiele dienen hier diese Thangka der Schutzgottheit Palden Lhamo in Ladakh (Foto oben: H. Harrer) oder die Weltenhüter an der Außenwand des Dorfklosters von Kaza in Spiti (gegenüber rechts).

ZANSKAR

TAL DES WEISSEN KUPFERS

Der Name »Zangskar«, wie man Zanskar oft geschrieben sieht, lässt auf das Vorkommen von Kupfer in dieser Region schließen (tib.: Zangs). Die zweite Silbe des Namens jedoch ist schwieriger zu interpretieren: Zangs-dkar (»Weißes Kupfer«), Zangs-mkhar (»Kupferpalast«) oder Zangs-sKar (»Kupferstern«) sind mögliche Ethymologien. Vielleicht hieß die Gegend ursprünglich auch bZang-dKar, was »Gut (bzw. Schön) und Weiß« bedeutet. Es ist spekuliert worden, dass Zanskar das Land der »Goldsuchenden Ameisen« sei. Dieser Mythos einer Art Eldorado im Himalaya, der seit Herodots geografischen Beschreibungen im 5. Jahrhundert besteht, wurde mit der großen Zahl von Murmeltieren erklärt, die in Zanskar (vor allem im hoch gelegenen Tal von Rangdum) leben und, wenn sie ihre Baue anlegen, Erdreich zutage fördern, das angeblich Spuren von Gold enthält.

Auf einer Höhe von 3500 bis 7000 Metern erstreckt sich Zanskar über ein Gebiet von ca. 7000 Quadratkilometern. Seine höchsten Berge sind Nun und Kun (7135 bzw. 7086 Meter). Sie liegen am Rand des Suru-Tals. Kargil, die einzige Stadt dieser Region, war aufgrund ihrer Lage zwischen Srinagar in Kaschmir im Süden, Leh in Ladakh, Skardu im pakistanischen Baltistan und Padum, dem Hauptort Zanskars, bis zur Schließung der Grenzen nach Tibet ein wichtiger Karawanentreffpunkt und Warenumschlagsplatz. Rangdum ist der höchstgelegene Ort des Suru-Tals. Nach diesem steigt der Pfad auf den 4400 Meter hohen, lediglich von Juni bis Mitte Oktober geöffneten Pensi-Pass an, die westliche Pforte zum eigentlichen Zanskar, das entlang zweier Hauptzuflüsse des gleichnamigen Stromes liegt. Der erste, Doda, entspringt am Pensi-la und fließt in südöstlicher Richtung durch das Hauptal bis Padum. Die zweite Lebensader des Landes, der Zanskar, wird von zwei Zuflüssen gebildet, dem Kargyak Chu, der vom Shingo-Pass im Osten des Landes kommt, und dem Tsarap Chu, der am Baralacha-la an der Grenze zwischen Lahaul und Rupshu entspringt. Unterhalb des Dorfes Purne vereinen sie sich zum Lungnak, der auch Lingti oder Tsarap genannt wird. Dieser fließt durch eine lange, steile Schlucht in nordwestlicher Richtung nach Padum, wo er sich mit dem Doda zum von nun an nach Nordosten dem Indus zuströmenden Zanskar vereinigt. Hohe Bergketten liegen zu beiden Seiten der Doda- und Lingti/Kargyak-Täler. Im Südwesten ist dies die Himalaya-Hauptkette, die Zanskar von Kisthwar und Chamba trennt; gen Nordosten folgt die Zanskar-Kette, die Grenze nach Ladakh. So bleibt als einziger Auslass für das gesamte hydrographische Netz des Gebiets der Zanskar-Fluss, der eine tiefe und enge Schlucht durch die Zanskar-Kette gegraben hat.

Vorhergehende Doppelseite: *Viele von Zanskars Klöstern, wie etwa Phugtal im Südosten des Landes, gehen auf in Höhlen angelegte Meditationsklausen zurück. Foto: M. Henss.*

Gegenüber: *Rangdum, das »Kloster der Langen Trompete«, errichtet im 16. Jahrhundert auf einem Hügel am Schnittpunkt von fünf Tälern, ist die am weitesten westlich gelegene Klosterstätte des gesamten tibetischen Kulturraumes.* Oben: *Rangdum beherbergt einige kunsthistorisch bedeutsame Werke wie diesen äußerst fein geschnitzten Buchdeckel aus dem 15./16. Jahrhundert.*

Wie vielerorts im Himalaya strahlen auch die Gesichter Zanskars trotz extrem harter Lebensbedingungen in dem durchschnittlich 4000 Meter hohen und von vergletscherten, 7000 Meter hohen Bergriesen umgebenen Gebiet Freundlichkeit, Gelassenheit und Heiterkeit aus. Aus den überall im tibetischen Kulturraum gehandelten Bestandteilen wie Türkise, Korallen, Bernstein, Glasperlen und Silber-Amulettkästchen (Ga'u) haben die Zanskari ihre eigene Schmuckkultur entwickelt.

Gegenüber: *Passhöhe auf dem Weg zum eisigen Massiv der über 7000 Meter hohen Berge Nun und Kun. Beide Fotos: H. Harrer.*

Durch seine Lage an der Nordseite der Himalaya-Hauptkette ist Zanskar, wie Spiti und Ladakh, eine Hochgebirgswüste. Die Niederschläge des indischen Monsuns werden von den als Wetterscheide wirkenden Bergen zu großen Teilen abgewehrt, obgleich in den letzten Jahrzehnten ein deutlicher Anstieg der Niederschlagsmengen zu verzeichnen ist. Der meiste Regen fällt im Winter als Schnee, was von eminenter Bedeutung für das Leben in Zanskar ist, da er sich auf den vielen eindrucksvollen Gletschern ablagert, die im Sommer abschmelzen und den Hauptteil des Wassers für den Feldbau liefern. Die Sommertemperaturen liegen zwischen 10 und 20 Grad Celsius, während im Winter das Thermometer auf bis zu minus 50 Grad fallen kann. Zu den ohnehin schon schweren Lebensbedingungen kommt hinzu, dass aufgrund der spärlichen Vegetation der Sauerstoffanteil in der Luft hier geringer ist als in vergleichbar hoch liegenden Gebieten.

Durch die topografischen Gegebenheiten ist der Zugang nach Zanskar stark beschränkt. Verständigung und Austausch mit den Nachbarländern erfolgt ausschließlich über die größtenteils über 5000 Meter hohen Bergpässe und im Winter über den zugefrorenen Zanskar-Fluss. Der einfachste Zugang erfolgt von Kargil aus durch das Suru-Tal über den Pensi-la – eine Entfernung, für die man früher zu Fuß sieben Tage brauchte. Entlang dieses alten Handelsweges wurde 1979 die erste und einzige Straße nach Zanskar gebaut, um Padum mit der Hauptstraße zwischen Ladakh und Kaschmir zu verbinden. Eine weitere Straßenverbindung von Zangla nach Chiling harrt derweil noch ihrer Vollendung. Die Abgeschiedenheit der Region erklärt auch, warum bis vor Kurzem nur einige wenige Reisende hierher fanden; der ungarische Sprachforscher Alexander Csoma de Körös war 1823 wahrscheinlich der erste. Zudem war Zanskar wegen der Grenzkonflikte zwischen Indien, Pakistan und China nach dem Zweiten Weltkrieg zur »verbotenen Zone« erklärt und erst 1974 wieder geöffnet worden.

DIE MENSCHEN ZANSKARS

Nach dem Ergebnis der Volkszählung von 2006 leben in Zanskar 13 849 Menschen, die ethnisch tibetische und dardische Einflüsse aufweisen und deren Sprache, Zanskari, dem Ladakhi ähnelt. Die Bevölkerung, die sich in den letzten 35 Jahren nahezu verdoppelt hat, teilt sich eine Gesamtfläche bebaubaren Landes von gerade einmal 40 Quadratkilometern. Kleine Dörfer, darunter Padum als Distriktverwaltungsort, mit trutzigen, zwei- bis dreistöckigen, weißgekalkten Lehmziegelhäusern liegen vereinzelt entlang des Zanskars und seiner beiden Hauptzuflüsse. Aufgrund der Isolation des Landes waren die Menschen früher darauf angewiesen, sich selbst versorgen zu können. Dennoch fand stets Austausch und Handel mit der Außenwelt statt, womit Güter wie Werkzeuge, Schmuck oder Ritualgegenstände ins Land kamen. Traditionelle Handelspartner waren

1945 und 1946 bereiste der Wiener Lehrer und Bergführer Fritz Kolb Zanskar mit dem Ziel von Erstbesteigungen. Bei Ausbruch des Krieges war er in Lahaul unterwegs und wurde, wie Heinrich Harrer, im Gefangenenlager Dehra Dun interniert. In seinem Reisebericht beschreibt er eindrucksvoll den Moment, als er erstmals das Kloster Bardan im Osten Zanskars im Licht der aufgehenden Sonne erblickte. Foto: L. Krenek.

Leh, Kargil, das Suru-Tal, Kishtwar, Pader, Lahaul, Kullu und sogar Rupshu, von wo man das dringend benötigte Salz bezog. Gegen Stoffe, Holz, Glas, Gewürze und Aprikosen tauschte man Nutztiere (Yaks, Dzo, Schafe) und deren Produkte sowie Gerste, getrocknete Erbsen und Wolle. Viehzucht ist neben Ackerbau der Hauptlebenserwerb der Zanskari. 70 Prozent des raren bebaubaren Landes (vor allem Schwemmfächer und Terrassen unterhalb einer Höhe von 4000 Metern) gehören der Allgemeinbevölkerung, der Rest den Klöstern. Wie in Spiti und Ladakh haben die Menschen mittels eines komplexen Bewässerungssystems ein Modell intensiven Anbaus entwickelt, das auf Brachen verzichten kann und dennoch der vormals verhältnismäßig geringen Bevölkerung stets genügend Nahrung bescherte (Gerste, Weizen, Erbsen). Die Landknappheit legt nahe, dass die Bevölkerung mehr oder weniger konstant bleiben muss. Eine effiziente Geburtenkontrolle wurde in Zanskar durch zwei Faktoren erreicht: durch die weitverbreitete Polyandrie, in der eine Frau mehrere Brüder heiratete, und den Eintritt eines relativ großen Bevölkerungsteiles in den zölibatären Stand. Bis vor kurzem war noch jeweils ein Kind aus jeder Familie privilegiert (oder gezwungen), Mönch oder Nonne in einem der vielen Klöster des Landes zu werden. Des Weiteren trug eine hohe Kindersterblichkeit zur relativen Konstanz der Populationsdichte bei.

Die traditionelle Zanskari-Gesellschaft weist mittelalterliche Züge auf und ist in vier Klassen geteilt. An der Spitze stehen die Mitglieder des früheren Königshauses, gefolgt von den Lön-po oder Vizeregenten (ebenso Abkömmlinge des Königshauses), die in Zusammenarbeit mit dem Dorfrat die Belange der Dörfer regeln und in Zeiten von Gefahr automatisch zu ihren Vorstehern werden. Die dritte Klasse stellen die Bauern dar (Pal-pa). Am unteren gesellschaftlichen Ende stehen die Schmiede, deren Tätigkeit als sündhaft erachtet wird, da sie sich mit der Entnahme von Elementen aus der Erde, dem Reich des dämonischen Herren Sabdag, beschäftigen. Dies war wohl nicht immer so, da die vorbuddhistische Gesellschaft Zanskars, die allem Anschein nach minaro-dardisch (siehe Kapitel »Dah-Hanu«, Seite 221) war, keine Standesunterschiede kannte und ihre animistische Religion gute und böse Gottheiten nicht bestimmten Elementen zuwies. Obwohl heutzutage der tibetische Buddhismus das geistige Leben der Zanskari dominiert, ist es doch noch durchdrungen von einer großen Anzahl animistisch-schamanistischer Relikte, die im täglichen und rituellen Leben noch immer Bedeutung haben. So sind Fruchtbarkeitsrituale und die Verehrung von Naturgottheiten des Hauses, auf Bergpässen oder in Flüssen bis heute Teil der spirituellen Mentalität der Menschen. Die Zusammenfassung von Familien unter sogenannte Pha-spun, wie es auch in Ladakh praktiziert wird, geht wahrscheinlich ebenfalls auf vorbuddhistische Zeiten zurück. Pha-spun bedeutet eine Gemeinschaft von benachbarten Familien, die sich gewisse weltliche und religiöse Pflichten teilen und die gleiche (vorbuddhistische) Schutzgottheit verehren, der besonders an Losar, dem Neujahrsfest, spezielle Bedeutung zukommt.

Der tibetische Buddhismus wird in Zanskar nach zwei Schulen praktiziert – der reformierten Gelug-pa-Schule und den Lehren des südlichen Zweiges des bhutanischen Druk-pa-Kagyü-pa-Ordens, der auch das religiöse Leben Ladakhs dominiert. Die Kagyü-pa-Klöster von Starigmo, Sani und Dzongkhul werden vom Oberhaupt des Klosters Bardan verwaltet, dem einflussreichen Stakna Rinpoche aus Ladakh. Alle anderen Klostergründungen wie Karsha, Lingshed, Thonde, Mune und Phugtal unterstehen Rangdum, dem westlichsten Kloster der gesamten tibetischen Welt, und ihrer inthronisierten Reinkarnation Ngari Rinpoche, dem jüngeren Bruder des Dalai Lama. Aufgrund der Nähe zum Suru-Tal und der historischen Abhängigkeiten von Kaschmir lebt auch eine kleine Minderheit von shiitischen Muslimen in Zanskar.

GESCHICHTE

Eine große Anzahl monolithischer Steinmonumente und im ganzen Land verstreuter Felszeichnungen aus teilweise prähistorischer Zeit bezeugen die frühe Besiedlung Zanskars. Es besteht Grund zu der Annahme, dass die frühesten Bewohner der Region Vorgänger der Darden (oder Minaro) waren, die noch immer fünf oder mehr Dörfer im Westen und Norden des Landes bewohnen. Hier sowie in weiten Teilen Ladakhs und auch in Spiti haben Angehörige dieses indo-arischen Volkes zahllose Felsbilder geschaffen, die vor allem Steinböcke und Jagdszenen zeigen (siehe Kapitel »Dah-Hanu«, Seite 222).

Der Legende nach soll Zanskar bereits im 2. Jahrhundert n.Chr. buddhistisch geworden sein, als der Kuschanenkönig Kanishka, der auch über Nordwest-Indien herrschte, Missionare in die Himalayaregionen und darüber hinaus entsandte. Als Beleg hierfür wird lokal der Kanishka-Chörten des Klosters Sani genannt, der jedoch wohl wesentlich späteren Ursprungs ist. Im 8. Jahrhundert soll Padmasambhava auf seinen Missionsreisen auch durch Zanskar gekommen sein. Viele über die ganze Region verteilte Stätten werden mit seiner Präsenz und seinen Aktivitäten zur Bannung der lokalen Gottheiten verbunden.

Die Biographien zweier Yogis aus dem Kloster Dzongkhul erzählen davon, dass es einst einen Zanskari-König mit Namen Lhachen Stagthop gegeben haben soll, der mit einer Balti-Prinzessin aus der einflussreichen Broshey-Familie von Skardu in Baltistan (Pakistan) verheiratet war. Drei seiner Enkel sollen das Land, zu dem in damaliger Zeit auch die südliche Himalaya-Provinz Kishtwar gehörte, untereinander aufgeteilt haben, was erstmals den eigentümlichen, bis heute bestehenden Umstand herbeiführte, dass Zanskar zwei Könige hat – damals einen gewissen Lobsang Losang De in Padum, der das Land rechts des Zanskar regierte, und Thinam De, dessen Machtbereich sich von Tsazar bis Zangla im nördlichen Zanskar erstreckte.

2008 zeigt sich dasselbe Kloster als nur wenig verändert gegenüber Kolbs Aufnahme von vor 62 Jahren. Lediglich ein neuer Torbogen ist hinzugekommen, der anlässlich des Besuchs des Dalai Lama vor einigen Jahren errichtet wurde. Foto: S. Kolster.

Der einsame, sturmumtoste Palast des Königs von Zangla wurde bis in die letzte Generation noch bewohnt (gegenüber). *In seiner Kapelle steht ein Dutzend meisterlich geschnitzter Holzskulpturen von Gottheiten und historischen Persönlichkeiten wie dem Begründer des Druk-pa-Kagyü-pa-Ordens Nawang Namgyal* (oben rechts) *und anderen Mönchen, bei denen besonders der individuelle charakterliche Ausdruck imponiert. Die Räume des Palastes dienten im frühen 19. Jahrhundert dem ungarischen Sprachforscher Csoma de Körös als Studierstätte bei seiner Erschließung der tibetischen Sprache.*

Nirgends in der tibetischen Welt sind die Mönche mobiler und weniger an ein bestimmtes Kloster gebunden als in Zanskar. Beständig sind sie unterwegs, um Ritualen beizuwohnen, z.B. im als besonders heilig geltenden Sani (gegenüber)*, oder sie begeben sich auf lange Pilgerfahrten, die sie bis nach Südindien führen. Der Hintergrund hierfür mag wohl der etwa im Vergleich zu Ladakh wesentlich niedrigere Wohlstand der Klöster sein. Alle Fotos: H. Harrer.*

Historische Fakten über Zanskar jedoch datieren frühestens auf das 10. Jahrhundert n.Chr. und beginnen mit der Ankunft des tibetischen Königs Kyi De Nyima Gon in Westtibet im Jahre 975. Er teilte das Land unter seinen drei Söhnen auf und gab Zanskar und Spiti an Detsu Gon, der später auch über Guge herrschte. Gegen 1430 machte sich Dzombrag De zum Herrscher über Burg und Dorf Zangla. Der heutige König von Zangla, Nyima Norbu Namgyal De, regiert in der 17. Generation. Die Abstammungslinie der Könige von Zanskar jedoch wurde mehrfach unterbrochen: im 17. Jahrhundert, als der ladakhische König Sengge Namgyal das Land eroberte und seinen dritten Sohn, Demchog, auf dem Thron in Padum einsetzte, und noch einmal 1845, als der ladakhische König Nyima Namgyal das lokale Königshaus durch den Klan seines Vetters ersetzte, eines Abkömmlings des königlichen Hauses von Henascu.

Im 15. Jahrhundert geriet das Suru-Tal unter muslimischen Einfluss und wurden von Kaschmir zum Islam zwangskonvertiert. Die 700 Jahre alte, durch die Felsbildnisse von Sanku und Kartse Khar belegte buddhistische Kultur endete. Im 16. Jahrhundert wurde Zanskar von den Mongolen heimgesucht, ein Jahrhundert später von den Soldaten Sengge Namgyals. Immer wieder wurde das Land von benachbarten Fürstentümern geplündert, bis 1836 die Truppen von Gulab Singh aus Jammu einfielen. Durch das Abkommen von Lahaul wurden Ladakh und Zanskar 1846 schließlich ein Teil Kaschmirs. De facto blieb Zanskar bis zur Indischen Unabhängigkeit jedoch sich selbst überlassen und autonom. Erst 1947, mit Neugründung des Bundesstaates Jammu and Kashmir, wurden die lokalen Königshäuser ihrer Stellung und aller Privilegien enthoben.

Während seiner gesamten Geschichte stand Zanskar meist unter den spirituellen Einflüssen Indiens, Tibets oder Ladakhs. So meditierten bereits im 11. Jahrhundert der berühmte indische Yogi Naropa und sein Schüler Marpa in Dzongkhul und Thonde. Geistige und künstlerische Impulse kamen aus dem damals noch buddhistischen Kaschmir, angeführt vom berühmten Lotsava Rinchen Zangpo. Phagspa Sherab, einer seiner Zeitgenossen, erbaute eine große Anzahl sogenannter »Übersetzer-Tempel« und Chörten in Karsha, Daichi Ling, Langmi, Phugtal und Itchar, die nach den von Rinchen Zangpo favorisierten spirituellen Konzepten ausgestaltet wurden.

Das 15. Jahrhundert war eine Zeit großer religiöser Umbrüche. Sherab Zangpo, einer der Hauptschüler von Tsongkhapa, dem Begründer des Gelbmützenordens (Gelug-pa), besuchte das Land und führte die neue Form der Religion an den Klöstern von Rangdum, Karsha, Thonde, Phugtal und Mune ein. Im 17. Jahrhundert jedoch, während der Zeiten der großen Streitigkeiten zwischen den buddhistischen Schulen, geriet Zanskar, wie Ladakh, unter den Einfluss der Druk-pa-Kagyü-pa-Sekte aus Bhutan. Zeichen des Erfolgs dieses Einflusses war die Erbauung der Klosterfeste von Bardan durch Dewa Gyatso. Dieser lud auch Tagtshang Repa, den spirituellen Lehrer und Vertrauten des großen Kagyü-pa-Förderers König Sengge Namgyal, nach Zanskar ein, womit diese neue Schule des tibetischen Buddhismus im Land weiter Fuß fassen konnte.

Links: *Noch in den 1970er-Jahren war Zanskar so wenig erschlossen, dass das Überqueren der vielen reißenden Ströme nur mittels solcher Hängebrücken aus ineinander verflochtenen Birkenzweigen und Weidentrieben möglich war, wie sie schon Babu Pindi Lal 1909 bei Lithang in Spiti fotografiert hatte. Foto oben: H. Harrer. Foto unten: Courtesy: Friends of the Kern Institute, Leiden (P-038939).*

Gegenüber: *Eine Bäuerin mit Ziegenfell-Umhang kehrt nach getaner Feldarbeit in ihr Dorf zurück, das zu Füßen von Karsha Gompa liegt, Zanskars größtem Kloster. Foto: H. Harrer.*

Links: *Hunderte von Mönchszellen mit kleinen und größeren Tempeln dazwischen bedecken die steile Bergwand, an der das Kloster Karsha ab dem 15. Jahrhundert angelegt wurde. Die ersten Tempel sollen bereits im 11. Jahrhundert von Phagspa Sherab, einem Zeit- und Weggenossen Rinchen Zangpos, erbaut worden sein. In ihren Innenräumen findet sich auch kaschmirisch inspirierte Kunst, allerdings aus dem 16. Jahrhundert, der zweiten Phase des sogenannten Guge-Stils.* Oben: *Weiße Tara im Labrang von Karsha. Foto: M. Henss.*

Die eindrucksvollsten Kunstwerke Karshas finden sich im Labrang-Tempel im unteren Bereich des Klosterberges. Sie stammen aus dem 16. Jahrhundert. Die detaillierten Fresken der Eingangswand sind den expressiv gestalteten zornvollen Abwehrgottheiten gewidmet. Links: *Yamantaka, der »Überwinder des Todes«.* Rechts: *Mahakala, der »Große Schwarze«, die tibetisch-buddhistische Form des Hindugottes Shiva.*

An der zentralen Wand des Labrang-Tempels befinden sich unter anderem die Darstellungen eines vierköpfigen Vairochanas, umgeben von Manjushri und Maitreya, und des Paradieses von Amitabha, dem Avalokiteshvara (rechts) *zugeordnet ist. In einzelnen Medaillons findet sich neben Dömton und Atisha auch eine hervorragend ausgeführte Weiße Tara* (links). *Dominierende Farben sind Weiß und Rot. Deutlich zu erkennen ist in der Detailfülle, Linienfeinheit und Schattierungstechnik das Aufleben der kaschmirischen Maltradition des 10. und 11. Jahrhunderts.*

In einem Seitental im Westen liegt einer der heiligsten Ort Zanskars: Dzongkhul. Das Kloster entstand um eine Meditationshöhle des indischen Yogis Naropa. Noch heute werden mehrere Fuß- und Handabdrücke des Meisters in den Felsen verehrt und ziehen Pilger an. In jüngerer Zeit wurde hier ein kunstvolles Abbild des lokal bedeutsamen Asketen Nawang Tsering gestiftet (rechts). *Seine im 18. Jahrhundert gegründete und ausgemalte Dzong-Kongma-Einsiedelei »klebt« oberhalb des Klosters wie ein Schwalbennest am Fels hoch über dem Flusstal des Argatse Tokpo. In ihr stehen zwei stilistisch ähnliche Statuen des Ur-Buddha Vajradhara und von Naropa* (links).

Gegenüber: *Ein Kleinod westhimalayischer Kunst ist das 1618 gegründete Kloster Bardan im Osten Zanskars. Seine Malereien stammen von dem berühmten Yogi Zhadpar Dorje aus dem 17. Jahrhundert. Fünf große Mandalas, darunter eines, das der Initiationsgottheit Chakrasamvara gewidmet ist, umgeben von Medaillons mit den großen Meistern der Kagyü-pa-Tradition, bedecken die rechte Wand der Versammlungshalle.*

In Zhadpar Dorjes Malstil, vor allem in den Augenpartien, der Gewandgestaltung und der in Ansätzen noch vorhandenen Schattierungstechnik offenbart sich ein letztes Echo der frühen westtibetisch-kaschmirischen Kunst des 10./11. Jahrhunderts, wiederbelebt im Königreich Guge des 15. Jahrhunderts. Beispiele hierfür sind die Portraits, die wahrscheinlich eine Stifterin oder den Begründer des Kadam-pa-Ordens Dömton (links) *und einen hohen Lama* (rechts) *zeigen.*

Gegenüber: *Der furchterregende, vierarmige Mahakala an der Eingangswand mit seiner detaillierten und phantasiereichen Gewandgestaltung ist ein Meisterwerk an Expressivität.*

Buddhistische Hochzeiten im Westhimalaya werden meist noch auf traditionelle Weise gefeiert. In den tagelangen Ritualen haben sich auch viele vorbuddhistische Bräuche erhalten.

Diese Seite: *Am Vorabend der Hochzeit nähern sich die Nyo-pa, die Abgesandten des Bräutigams, dem Haus der Braut. Ihre goldenen Hüte (Ser-thob) und Kleider symbolisieren ihre mystische Bedeutung, nach der sie, die »glänzende Schar aus dem Tempel der Sonne«, das Weltall ordnende Götterboten sind. Geführt werden die Nyo-pa vom Tashi-pa, der einen aus Steinbockhörnern gebauten Bogen trägt sowie einen mit symbolisch bedeutsamen Gegenständen behängten Pfeil, mit dem er Chang (Gerstenbier), Butter und die vielen weiteren Verköstigungen, die den Nyo-pa in den Dörfern angeboten werden, segnet. Pfeil und Steinbockhornbogen verweisen auf die Minaro-Urbevölkerung Zanskars, in der dem Führer bei Steinbockjagden besondere rituelle Reinheit zugesprochen wurde (siehe Seite 231).*

Gegenüber: *Zum Dank für die Gaben der Dorfbevölkerung tanzen die Nyo-pa und segnen sie.*

M.T.

Unten rechts: *Wünsche und Segnungen an das Brautpaar symbolisiert man in Form von Figürchen aus Tsampa-Teig (geröstetes Gerstenmehl). Sie werden von der Familie der Braut hergestellt und in der Nacht unter dem Brautseil sowohl von dieser wie den Nyo-pa dargebracht. Auch Geschenke und Mitgiftgaben werden hier ausgetauscht.* Rechts: *Schon Anfang des 20. Jahrhunderts hat sich der Herrnhuter Missionar August Hermann Francke dieses Ritual von einem lokalen Künstler aus Leh illustrieren lassen. Völkerkundemuseum Herrnhut (69156).* Unten links: *Auf dem Tanzplatz am Haus des Bräutigams wird sogar ein Weltenberg (Drang Gya) aus Teig errichtet, den der Tashi-pa mit Butterflöckchen an seiner Pfeilspitze segnet. Damit lässt er den Platz symbolisch zum Universum werden und wird so seiner Funktion als »ordnender Götterbote« gerecht. Foto: H. Harrer.*

Der wahre Zeremonienmeister während der Hochzeitsfestivitäten ist der älteste der Nyo-pa, der Nyor-pön. Er ist bestens vertraut mit den vielen Segens- und Rätselliedern, die oftmals über Stunden, auch improvisiert, zwischen Braut- und Bräutigamfamilie ausgetauscht werden. Diese wechseln sich auch ab im Besingen der vielgestaltigen Teigfiguren unter dem Brautseil, deren Erscheinungsbild vielfältige symbolische Bedeutung zukommt. Diese kennt der Nyor-pön ebenso gut wie die Beschwörungsformeln, mit denen er den von ihnen repräsentierten Segen effektiv zur Wirkung zu bringen sucht. Neben der Segensgenerierung hat der Nyor-pön aber auch dämonenbannende Funktion: Mittels kleiner wollener Fadenkreuze, mit denen er böse Geister anlockt, die sich dann in den Fäden verfangen, lenkt er das Übel zumindest rituell vom Brautpaar ab. All sein Wissen existiert nicht in schriftlicher Form und wird nur mündlich weitergegeben. Das Interesse in der Lokalbevölkerung ist auf den gebannten und aufmerksamen Gesichtern der Umstehenden gut zu erkennen.

Höhepunkt und gleichzeitig Ende der »Fürbitten« unter dem Brautseil ist der Moment, an dem der Zeremonienmeister die Fruchtbarkeit des Paares beschwört. Dies erfolgt unmittelbar, nachdem mittels eines Modells von Pfeil und Bogen das Jagdglück der Familie erbeten wurde (oben) *(erhalten von der Urbevölkerung Zanskars). Mit eindeutigen Bewegungen und einer frivolen Liedstrophe führt unter dem Johlen der Hochzeitsgäste der Nyor-pön den rot bemalten Teigpenis in die Teigscheide ein* (rechts). *Zum Schluss werden auch diese Zeremonialgegenstände wie alle anderen zuvor als Gaben für die Geister in die Himmelsrichtungen geworfen, in denen man ihre Anwesenheit vermutet. Beide Fotos: S. Kolster.*

Abschied von der Braut. Im Uhrzeigersinn von oben links: *Am Hochzeitsmorgen, noch während die letzten Brautpreisverhandlungen zwischen den Familien stattfinden, zieht die Braut, betreut von ihrer engsten Freundin oder einer ihrer Schwestern, in die Vorratskammer des Hauses, den Ort, an dem sowohl der Wohlstand der Familie und symbolisch auch ihre Fruchtbarkeit wie auch ihre Lebens- und Überlebenskraft, die auf die Braut übergehen sollen, präsent sind. Gleichzeitig steht der dunkle Raum symbolisch für die Neugeburt (Initiation) des Mädchens als Frau, denn später werden die Nyo-pa sie, vollkommen verschleiert in weißen Glückstüchern (Kathag), von hier hinaus ins Licht geleiten und ihrer neuen Bestimmung als Braut und Mutter zuführen. Doch zuvor nehmen unter ritualisiertem, aber dennoch tatsächlich gefühltem Weinen die Braut und die Frauen ihrer Familie und Nachbarn (Pha-spun) voneinander Abschied. Währenddessen wird die Braut mit Schmuck und Perag-Kopfputz (siehe Seite 178), den sie von der Mutter erhalten hat und selbst ihrer Tochter weitergeben wird, in ihre schönsten Kleider gehüllt. Alle Fotos: S. Kolster.*

Beispiele für die Lebendigkeit des auf die dardische Urbevölkerung des Westhimalaya (Minaro) zurückgehenden, prähistorischen Steinbock-Kultes.

Links: *Steinbockhörner abgelegt an einem Obo, einer Segen stiftenden Steinaufschichtung, am Kunzum-Pass zwischen Spiti und Lahaul.* Rechts oben: *Kopf eines seltenen weißen Steinbocks an einem Chörten in Zanskar. Foto: H. Harrer.* Rechts unten: *Fruchtbarkeit generierende Zeichnung eines Steinbocks an einem Haus in Hameling (Hanu-Ling) in Zanskar.*

Gegenüber: *Formen der Verehrung vorbuddhistischer Gottheiten.*

Links oben: *Sitz der Pha-spun-Gottheit auf einem Klosterdach. Foto: H. Harrer.* Links unten: *Abwehrende Zeichnung eines Dämons mit Bogen (vorbuddhistisches Symbol) an einem Haus in Saspol in Ladakh.* Rechts oben und Mitte: *Opfergaben an die vorbuddhistischen Gottheiten aus bemalter Butter, Stroh und Lehm sowie Karten mit Segenszuordnungen anlässlich des Yuru-Kabgyat-Festes, Kloster Lamayuru in Ladakh.* Rechts unten: *Mit einer Segensschleife (Kathag) umwickelter Holzpenis als Fruchtbarkeitssymbol am Kloster Bardan in Zanskar.*

RUPSHU

NOMADEN UND SEEN

Eine der Regionen, deren Relief geformt wurde, als der Indische Subkontinent vor 50 Millionen Jahren mit der zentralasiatischen Platte kollidierte, war das Gebiet von Rupshu, ein trockenes und ödes Plateau südöstlich von Ladakh. Rupshu gehört zum Changthang, einer Hochgebirgsfläche mit sanften Hängen, gewaltigen Hochebenen und riesigen Süß- und Salzwasser-Seen. Vom Osten Ladakhs aus erstreckt sich der Changthang etwa 1600 Kilometer bis nach Tibet hinein. Aufgrund seiner durchschnittlichen Höhe von 4800 Metern, seiner Abgeschiedenheit und Unzugänglichkeit sowie des feindlichen Klimas konnten dort viele der alten tibetischen Bräuche überdauern. Handel mit Wolle und Salz findet immer noch entlang der alten Routen statt, und politische Grenzen scheinen für die hartgesottenen Chang-pa-Nomaden keine Rolle zu spielen. Sie ziehen nach wie vor mit ihren Herden zwischen Leh, Karzok und Westtibet umher.

Der Changthang ist reich an natürlicher Schönheit. Ruhe, Leere und ungeheure Weite dominieren diese atemberaubende Landschaft. Neben den wüstenhaften Bergen entlang des Manali-Leh-Highways, die nicht einmal den leisesten Anflug von Vegetation zeigen, ist das im Osten sich an die tibetische Grenze anschließende Grasland mit natürlichen Seen übersät. In der öden, braun-grünen Landschaft erscheinen diese Seen dem Besucher wie türkisfarbene Edelsteine, deren Farbe sich stets dem Himmel darüber anpasst – vom tiefsten Amethyst über flammendes Rot bis zu Nachtschwarz. Die größten Seen in Ladakhs sogenanntem Nyoma Distrikt sind der Panggong-Tso und der Tso Moriri. Den Panggong-See erreicht man über den Chang-la (5486 Meter), der am Nordende des ladakhischen Sakti-Tales liegt. Durch diesen schmalen, aber 130 Kilometer langen Talausgang auf 4300 Meter Höhe verläuft die indisch-chinesische Grenze. Der Tso Moriri mit einer ungefähren Länge von 40 Kilometern grenzt im Süden an Spiti und kann in einem Sieben-Tage-Marsch von der Ortschaft Kibber aus über den Parang-la erreicht werden. Von Ladakh aus gelangt man über den Kontrollposten Upshi, Chumathang und Puga zum See. Vom Manali-Leh-Highway aus kommt man über einen kleinen, mit dem Geländewagen befahrbaren Pfad, der kurz vor dem Tanglang-Pass von der Straße abzweigt, zu dem wunderschönen See. Diese Strecke führt an einem Salzsee, dem Tso Kar, vorbei, wo große Herden der Kyang genannten Wildesel umherstreifen. Zahlreiche Pässe von mehr als 5000 Meter Höhe müssen überwunden und einige, nur zeitweise bewohnte Ansiedlungen können besucht werden. In Sumdo gibt es eine tibetische Schule mit 60 Schülern. In unmittelbarer Nachbarschaft

Die ladakhische Provinz Rupshu ist Teil des weit nach Tibet hineinreichenden, nahezu vegetationslosen Changthang-Plateaus.

Vorhergehende Doppelseite: *Von Tibet fließt der Tonze Lungpa durch Rupshu in Richtung Lahaul.*

Gegenüber: *Über Pfade wie diesen am Lachulung-Pass zogen in früheren Zeiten die Handelskarawanen von und nach Tibet.* Oben: *Eine Frau aus dem Volk der nomadisierenden Chang-pa an ihrem Webstuhl.*

wird noch Schwefel abgebaut, so dass der durch das Dorf führende Fluss von der übelriechenden gelben Substanz bedenklich verschmutzt ist. Vorbei am prächtigen Thazang-Guru-See, der in seiner extrem trockenen Umgebung fast surreal erscheint, erreicht man, 240 Kilometer von Leh entfernt, den auf 4700 Metern Höhe gelegenen Tso Moriri. Den ganzen Winter hindurch ist der See bei Temperaturen von bis zu minus 40 Grad Celsius zugefroren. Hier findet sich der einzige Brutplatz der Streifengans in ganz Indien, und Scharen von Murmeltieren und Pfeifhasen streifen in seiner Umgebung umher. Die Menschen, die an seinen Ufern leben, nennen sich selbst Chang-pa und sind Nomaden, die Pashmina-Ziegen und Yaks ziehen. Durch ein bemerkenswertes System der Bodennutzung erhalten sie das Gleichgewicht zwischen Viehbestand und Weideland aufrecht, so dass es ihnen möglich ist, den rauen und unwirtlichen Changthang zu bewohnen, ohne ihre Lebensgrundlagen zu zerstören. Am Tso Moriri gibt es nur eine einzige, temporär bewohnte Siedlung, die kleine und heruntergekommene Ortschaft Karzok auf der nordwestlichen Seite des Sees. Ihre Gerstenfelder zählen zu den höchstgelegenen der Welt. Seit den frühen 1960er-Jahren hat sich aufgrund der vielen, auch nomadisierenden Flüchtlinge aus dem chinesisch besetzten Tibet die Anzahl der Nomaden vergrößert. Seit dem Jahr 2000 jedoch haben einige Nomaden, vor allem jene der Kharnak-Gruppierung, ihre nomadisierende Lebensweise zugunsten eines sesshaften Lebens in Leh aufgegeben.

Gegenüber oben rechts: *Eine Herde Kyangs, tibetische Wildesel, die in der Umgebung des Salzsees Tso Kar frei umherziehen, galoppiert mit donnernden Hufen über die weite Ebene. Die äußerst scheuen, stolzen Tiere lassen den Menschen nur bis auf eine gewisse Distanz an sich heran. Versuche, sie zu zähmen, haben stets zum Tod der Tiere geführt.* Gegenüber oben links: *Reitende Chang-pa-Nomaden sind die einzigen, wenigen Menschen, denen man in der öden Großartigkeit des Changthang begegnet. Fragt man sie nach dem Weg, beispielsweise zum Tso Moriri, erhält man immer noch Entfernungsangaben in »Tagen auf dem Pferd«.* Gegenüber unten: *Chang-pa-Frauen verarbeiten schwere Yakwolle zu Säcken, Teppichen und Zelten, Ziegenwolle dagegen zu Kleidung.*

Oben: *Franckes Westhimalaya-Expedition 1909 zog von Spiti über Rupshu nach Ladakh. In Karzok, der einzigen halb-dauerhaften Siedlung, machten sie halt. Foto: B.P. Lal, Courtesy: Friends of the Kern Institute, Leiden (P-038952).*

Gegenüber: *Der See Tso Moriri auf einer Höhe von 4700 Metern über dem Meer. In der unglaublich klaren Luft auf dieser großen Höhe scheint sich die sinnliche Wahrnehmung auf das Wesentliche zu reduzieren: Es ist totenstill, Farben werden zu bloßen Flecken, Entfernungen sind nicht mehr einzuschätzen …*

Oben: *Yaknomaden am Tso Moriri. Foto: B.P. Lal 1909, Courtesy: Friends of the Kern Institute, Leiden (P-038947).*

Im Zentrum von Karzok befindet sich das buddhistische Kloster gleichen Namens, in dem etwa 50 Mönche des Gelug-pa-Ordens leben. Es wurde im 16. Jahrhundert erbaut, jedoch gegen 1850 komplett umgestaltet. Franckes Beschreibung seines ersten Blickes auf das Kloster kann man lebhaft nachvollziehen: »Das plötzliche Auftauchen des Klosters in dieser öden Wüste war solch eine Überraschung, dass es zuerst schwer fiel, an seine reale Existenz zu glauben.« (Francke 1914, S. 42). Foto oben: B.P. Lal 1909, Courtesy: Friends of the Kern Institute, Leiden (P-038951).

Kopfbedeckungen im Westhimalaya

Links: *Frauen in Rupshu und Spiti tragen noch die seltene, vorne gerade abgeschnittene Form des Perag, einer im gesamten Westhimalaya verbreiteten Kopfbedeckung, die über Generationen als unveräußerlicher Besitz der Frau weitervererbt wird. Sie besteht meist aus einem roten gefütterten Stoffstreifen, auf und an dem der gesamte Reichtum der Besitzerin in Form von Türkisen, Korallen, silbernen Amulettbehältern und Silberschmuck zur Schau getragen wird.* Foto: H. Först. Rechts: *Im tibetischen Teil Lahauls heißt der als runde Haube getragene Perag »Yü-To« und der reiche Silberschmuck »Bari«.*

Oben: *Seltener Anblick einer Perag-ähnlichen, mit Türkisen, Korallen, Glasperlen und Knöpfen besetzten Zopfverlängerung bei einer Minaro-Frau, deren Wollschnurenden mit einer von Glasperlen besetzten Scheibe und Muschelscheiben verziert ist und von der Frau für das Bild wie ein Gürtel gehalten werden. Foto: R. Vohra.*

Rechts: *In Kinnaur trägt man keinen Perag, dafür aber an der Thepang-Kappe umso reicheren, dem der anderen Regionen ähnlichen Silberschmuck, der in seiner Symbolik von Sonne und Mond auf die »Vereinigung der Gegensätze« hindeutet.*

Perags in Ladakh, Zanskar und Rupshu werden zusammen mit »Ohren« (Tsaru) aus Persianer getragen. Von diesen gehen Zopfverlängerungen aus Wolle oder Menschenhaar ab (Chuti), an denen Verbindungsteile aus Silber-/Goldschmuck befestigt werden. Zanskarische Perags sind breiter und werden beidseitig mit Korallenperlen-Reihen verziert. Die Menge an Türkisen, Silber-Ga'us und gefassten Karneolen verrät den Reichtum der Besitzerin. Freie Stellen auf dem roten Band werden oft mit Imitaten oder Glasperlen ausgefüllt. Die »gewöhnliche« Kopfbedeckung der ladakhischen Frauen und Männer ist der zylinderförmige »Kanthob Tibi«. Fotos links, rechts unten und gegenüber: H. Harrer.

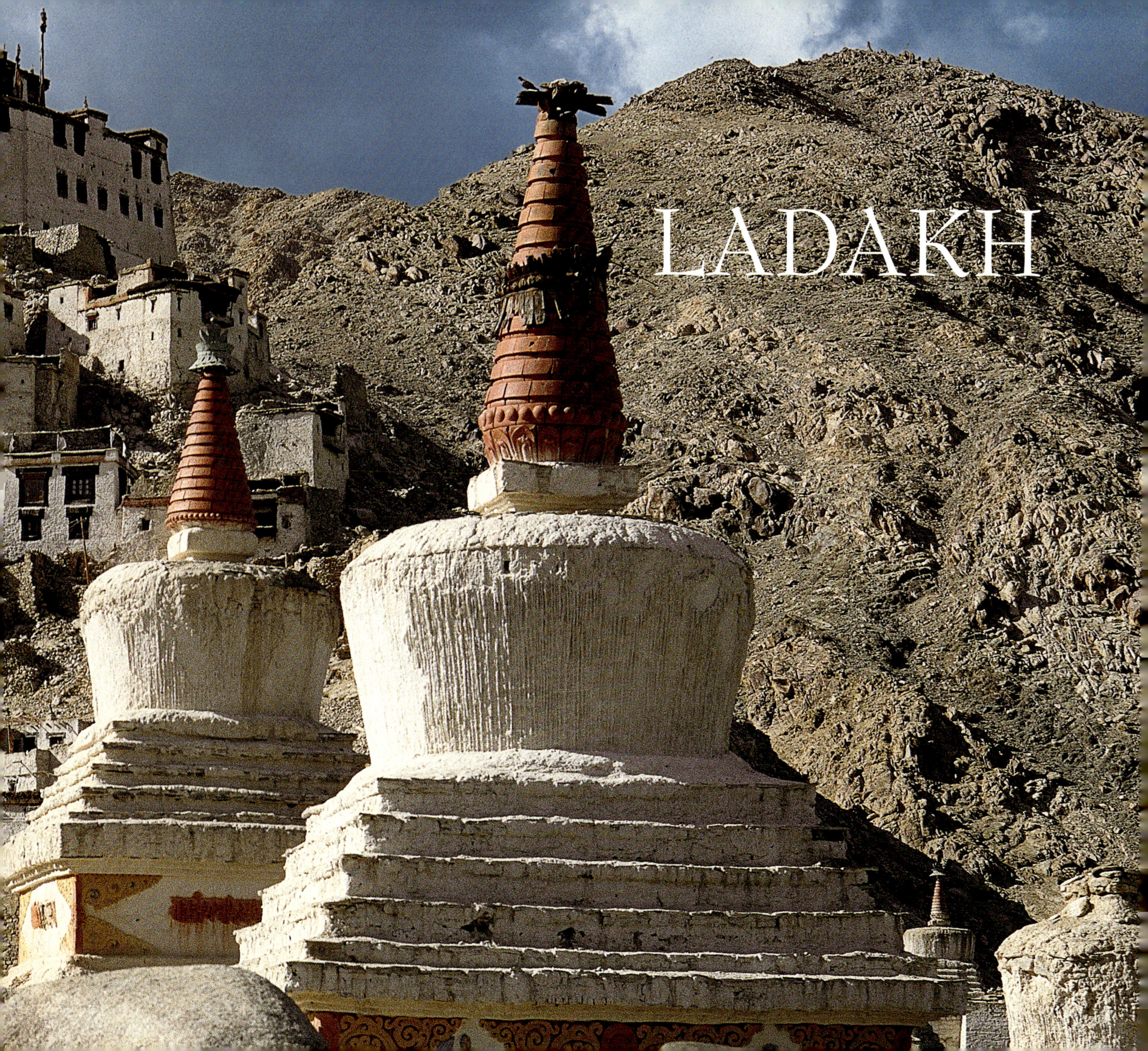

LADAKH

KLEIN-TIBET DER HOHEN PÄSSE

Ladakh (tib.: la-dwags, »Land der hohen Pässe« – aufgrund der Farbe seiner Berge auch Mar-yul, »das Rote Land« genannt) mit einer Fläche von ca. 60 000 Quadratkilometern und Höhen zwischen 2600 und 7670 Metern liegt zwischen den höchsten Bergketten der Welt – dem Kunlun im Norden, dem Karakorum im Nordwesten und den Ketten des Himalaya im Süden. Es ist Teil der transhimalayischen Zone, die sich bildete, als die Kontinentalplatte Indiens mit jener Zentralasiens kollidierte. Heutzutage gehört es zum umstrittenen indischen Bundesstaat Jammu and Kashmir. Mit seinen unzähligen Tempeln und großen Klöstern kann Ladakh ohne Übertreibung als die kulturell reichste Region des Westhimalaya bezeichnet werden. Die meisten seiner Dörfer liegen aufgereiht wie Perlen an einer Kette im fruchtbaren Indus-Tal. Leh, die Hauptstadt, liegt ein wenig nördlich des Indus und war ein wichtiger Karawanenlagerplatz und Handelsort an der Route von und nach Zentralasien. Im Nordwesten grenzt Ladakh in seinen Nubra- und Shayok-Tälern an Pakistan, im Osten bildet der Rupshu-(Nyoma-) Distrikt eine direkte Grenze mit China. Politisch ungeklärt ist nach wie vor der Status des traditionell zu Ladakh zählenden Aksai Chin, einer nahezu menschenleeren Wüstenregion im Norden des Landes, die von China okkupiert und beansprucht wird. In seiner weitesten Ausdehnung umschloss Ladakh auch die Täler Baltistans im Westen (heute unter pakistanischer Verwaltung), deren Hauptort Skardu traditionell der Wintersitz der Könige von Ladakh war. Kargil, der zweitgrößte Ort Ladakhs, und das Suru-Tal sind weitestgehend muslimisch und bilden das Zugangstor nach Zanskar. Zeitweise zählten auch Lahaul und Spiti zu Ladakh, ebenso wie der heutige Ngari-Distrikt einschließlich seiner Rudok-Region sowie das Reich Guge im Osten (heute alle Teil der Autonomen Region Tibet der Volksrepublik China).

Der Hauptteil Ladakhs liegt über 3000 Meter hoch. Mehr noch als Zanskar und Spiti ist das Land eine trockene Hochwüste, da hier nicht nur eine, sondern zwei vorgelagerte himalayische Bergketten den indischen Monsun abwehren. Wiederum ist die Hauptquelle für Wasser der winterliche Schneefall auf die Berggletscher, die im Sommer abtauen. Die in den letzten Jahren zunehmenden Überflutungen des Indus werden abnormen Regenzeiten und dem Rückgang der Gletscher zugeschrieben, die wahrscheinlich mit der globalen Erwärmung in Zusammenhang stehen. Gerade das Verschwinden des Wasservorrats in den Gletschern wird früher oder später in Ladakh (wie in Zanskar) für die lokale Bevölkerung eine erhebliche Existenzbedrohung darstellen.

Vorhergehende Doppelseite: *In Ladakh befinden sich die größten und reichsten Klöster des Westhimalaya wie zum Beispiel die Druk-pa-Kagyü-pa-Gründung Chemre im Osten des Landes. Foto: M. Henss.*

Gegenüber und oben: *Im 17. Jahrhundert entstanden in vielen Klöstern mehrstöckige Chamba Lhakangs, die kolossalen Abbildern Maitreyas, des Buddhas der Zukunft, gewidmet sind.* Gegenüber: *Serzang, Basgo.* Oben: *Chamba Lhakang, Leh. Foto: B.P. Lal 1909, Courtesy: Friends of the Kern Institute, Leiden (P-038972).*

Oben und gegenüber: *Hauptstadt Ladakhs ist seit dem 14. Jahrhundert Leh (»Oase«), nördlich des Indus auf 3600 Metern Höhe gelegen. Dominiert wird das Erscheinungsbild der Stadt seit dem 17. Jahrhundert von dem durch »Löwenkönig« Sengge Namgyal erbauten, neunstöckigen Palast mit seinen rund hundert Räumen. Foto oben: B.P. Lal 1909, Courtesy: Friends of the Kern Institute, Leiden (P-038975).*

Unten: *Gegen 1900 für August Hermann Francke gemaltes Aquarell eines ladakhischen Künstlers, das eine typische Szene aus dem reichen ladakhischen Festleben zeigt: Ein Nyo-pa, der Abgesandte eines Bräutigams, und eine Braut beim Tanz zur Musik von zwei Bheda-Musikanten. Völkerkundemuseum Herrnhut (67380).*

DIE MENSCHEN LADAKHS

Die frühere weite Ausdehnung Ladakhs ist bis heute in der Zusammensetzung seiner Bevölkerung spürbar. Die 260 000 Bewohner sind indo-arischer wie auch tibetischer Herkunft und bilden ein Amalgam aus verschiedenen Ethnien, vor allem Tibetern, Darden und Mon. Letztere sind Abkömmlinge früher indischer Siedler, die heute in der ladakhischen Klassengesellschaft die niedrigste Klasse von Musikern, Schmieden und Zimmerleuten einnehmen. Anders als in Zanskar gibt es in Ladakh nur zwei soziale Gruppen, die über den Mon und den als noch niedriger erachteten Bheda-Musikern stehen – die Mitglieder der alten Königshäuser, den Adel, ehemalige Minister und Vizeregenten sowie die Kaufleute, Bauern und Beamten. Familien und Individuen gehören sogenannten Pha-spun und Chö-spun an. Erstere sind, wie in Zanskar und Dah-Hanu, Zusammenschlüsse aus bis zu zehn benachbarten Familien, die sich gegenseitig in weltlichen und religiösen Belangen zur Seite stehen und einen gemeinsamen vor-buddhistischen Schutzgott verehren. Als Chö-spun bezeichnet man willkürliche persönliche religiöse Zusammenschlüsse zwischen zwei Menschen, die fortan für religiös-rituelle Zwecke miteinander verbunden sind. Die traditionelle tibetische Kräutermedizin ist nach wie vor stark verbreitet. Derzeit gibt es mehr als 100 Naturärzte (Amchi), die kostenlos oder gegen Spenden ihren Gemeinden zur Verfügung stehen. Neben ihnen nehmen Wahrsager und Orakel einen besonders hohen gesellschaftlichen Stellenwert ein und werden häufig zu den vielen persönlichen und kommunalen Angelegenheiten des täglichen Lebens befragt, das in einer Vielzahl an Festivitäten und Übergangsritualen organisiert ist. So werden Geburt, Hochzeit und Tod in aufwendigen Zeremonien begangen. In ihnen hat bis heute eine große Anzahl hochinteressanter vor-buddhistischer Fruchtbarkeitskulte überdauert.

Anders als die Menschen im Rest des Bundesstaates Jammu and Kashmir, der hauptsächlich muslimisch ist, praktizieren die meisten Ladakhi der Verwaltungsdistrikte Khalatse, Leh, Kharo und Durubk (sowie Nyoma und Nubra) die tibetische Form des Buddhismus. Die meisten Menschen (Balti und dardische Purig-pa) im restlichen Kargil-Distrikt, ausgenommen das Haupttal Zanskars, sind schiitische Muslime. In Leh und Khalatse leben ein paar wenige christliche Ladakhi-Familien, was auf die Missionsbestrebungen der Herrnhuter Brüdergemeinde im 19. Jahrhundert zurückzuführen ist. In beiden Orten stehen immer noch ihre Kirchen. Sogenannte muslimische Arghon, Abkömmlinge der Verbindungen zwischen kaschmirischen oder zentralasiatischen Kaufleuten und Ladakhi-Frauen, leben hauptsächlich in Leh und Kargil. Angehörige der dardischen Volksgruppen finden sich in den Gebieten von Dras und Dah-Hanu. Die Hauptsprache Ladakhs ist Ladakhi, ein tibetischer Dialekt, der sich vom Tibetischen jedoch so weit unterscheidet, dass beide Volksgruppen oftmals eher auf Hindi oder Englisch miteinander kommunizieren.

Momentaufnahmen aus der Vielvölkerstadt Leh

Oben: *Ein tibetisch-stämmiger Ladakhi mit langem Haar und Türkisohrring.* Unten: *Zwischen zwei Ladakhi sitzt ein anatolisch-türkisch anmutender Minaro mit russischer Persianermütze, davor seine Frau mit typischer Haartracht und Kopfbedeckung.*

Über Jahrhunderte genoss Ladakh eine stabile, landwirtschaftlich geprägte Autonomie, basierend auf dem Anbau von Gerste, Weizen und Erbsen, sowie der Viehwirtschaft von Yaks, Dzo, Kühen, Schafen und Ziegen. Auf Höhen zwischen 3000 bis 4300 Meter ist die Vegetationsperiode auf einige wenige Monate beschränkt; die Herden sind klein und Wasser knapp. Wie in Spiti und Zanskar haben die Ladakhi daher eine kleinmaßstäbliche Landwirtschaft entwickelt, die perfekt an ihre besonderen Lebensumstände angepasst ist. Das Land wird durch ein ausgeklügeltes System von Kanälen urbar gemacht, in dem sie das Schmelzwasser von den Gletschern auf die Schwemmterrassen der Täler leiten. Im Gegensatz zu den zuvor besprochenen Regionen sind ladakhische Dörfer wesentlich weiträumiger angelegt. Die eindrucksvollen und stattlichen zwei- bis dreistöckigen Bauernhäuser mit ihren weißgekalkten Wänden und flachen Dächern, auf denen der Viehfuttervorrat für den Winter lagert, sind nicht hoch verdichtet an einem Ort errichtet, sondern stehen weit voneinander entfernt inmitten der terrassierten Felder. Etwa 84 Prozent der ladakhischen Bevölkerung lebt in derartigen Dörfern.

In geringerer Höhe werden Früchte wie Äpfel und Aprikosen angebaut. Früher wurde die Überschussproduktion gegen Tee, Zucker, Salz und Ähnliches getauscht. Exportartikel sind Aprikosen und die feine Unterwolle der von den Chang-pa-Nomaden gehaltenen Ziegen, das Pashmina. Derzeit ist das profitträchtigste landwirtschaftliche Produkt Gemüse, das in großen Mengen an die indische Armee sowie auf den Märkten verkauft wird. Die Verantwortung für die Produktion liegt bei den Kleinbauern, die ihr eigenes Land bewirtschaften und zur Ernte oftmals Wanderarbeiter zum Beispiel aus Nepal beschäftigen. Im Gegensatz zu Zanskar gehören den Klöstern nur etwa 6 Prozent des Landes.

In der Vergangenheit profitierten die Ladakhi sehr von der Lage ihres Landes am Schnittpunkt wichtiger Handelswege zwischen Indien und Zentralasien. Sie erhoben Zölle auf alle Waren, die ihre Grenzen auf dem Weg von Turkestan, Tibet, Punjab, Kaschmir und Baltistan passierten. Eine Minderheit an Ladakhi verdingte sich als reisende Kaufleute, Karawanenhändler und Kuriere im Handel mit Textilien, Teppichen, Färbemitteln und auch Drogen zwischen dem Punjab und Sinkiang (Xinjiang). Seit der Schließung der Grenzen jedoch ist der internationale Handel komplett zum Erliegen gekommen.

Seit 1974 fördert die indische Regierung das Trekking und andere touristische Aktivitäten in Ladakh. Obwohl nur 4 Prozent der arbeitsfähigen Bevölkerung Ladakhs im Tourismus beschäftigt sind, macht dieser heutzutage 50 Prozent des regionalen Bruttosozialprodukts aus. Circa 30 000 Touristen besuchen jedes Jahr Ladakh. Weitreichende Beschäftigung in der Verwaltung und groß angelegte infrastrukturelle Projekte, einschließlich Straßenbau, unterstützen den neuen Wirtschaftszweig und haben eine urbane Alternative zur Landwirtschaft geschaffen. Subventionierte Nahrungsmittel, Ver-

Harmonisch fügen sich die ladakhischen Dörfer in die karge Landschaft ein. In den frühen Morgenstunden steigen Rauchschwaden aus den nur selten mit Schornsteinen ausgerüsteten Häusern. Um das wertvolle, rare Holz für architektonische Zwecke aufzusparen, wird ausschließlich Dung als Brennmaterial verwendet. Foto: H. Harrer.

Klöster in Ladakh

Ab dem 15. Jahrhundert besitzen die Klöster im Westhimalaya auch solch große weltliche Macht, dass sie sich zu regelrechten Trutzburgen entwickeln. Als Ausdruck der vollzogenen gesellschaftlichen Trennung in gebildeten Mönchsstand und niederen Bauernstand werden zudem die Heiligtümer auf Bergrücken verlegt, der Normalbevölkerung entrückt, und die Behausungen der Mönche darunter angesiedelt. Die ursprüngliche, volksnahe Platzierung der Tempel ist nur noch in wenigen erhaltenen alten Gründungen zu erkennen.

Gegenüber links oben: *Tsemo-Hügel von Leh mit Sengge Namgyals Königsburg, Avalokiteshvara und Chamba Lhakang.* Rechts oben: *Kloster Spituk.* Links unten: *Tiktse, eines der größten Klöster Ladakhs.* Rechts unten: *Ridzong, Ladakhs jüngste Klostergründung, aus dem 19. Jahrhundert. Alle Fotos: M. Beck.*

Oben: *Östlich von Tiktse liegt ein riesiges Feld von Chörtenruinen, die im 11. Jahrhundert zum von Rinchen Zangpo gegründeten Kloster Nyarma gehörten.*

Oben: *Lama Shambunath, dritte Inkarnation in der Mitte des 18. Jahrhunderts von Tagtshang Repa, dem spirituellen Ratgeber von König Sengge Namgyal. Kloster Shey. Foto: M. Henss.*

Unten: *König Tashi Namgyal (Regentschaft ca. 1555–1575). Bildnis im Gönkhang auf dem Tsemo-Hügel, Leh. Foto: T. Angchuk.*

waltungsjobs, Tourismusindustrie und eine neue Infrastruktur sind die Gründe für eine massive Landflucht in die Stadt Leh.

GESCHICHTE

Informationen über Ladakh vor dem Entstehen des Königreiches im 10. Jahrhundert sind rar. Formiert aus der Vereinigung von kleinen Fürstentümern wie Mulbekh, Chigtan, Henascu, Khalatse, Alchi, Phiyang und Sakti, wurde es als Shangshung bekannt, das erste westtibetische Königreich (das später auch Gebiete wie Guge, Zanskar, Spiti etc. umfasste). Der früheste geschichtliche Hinweis auf politische Beziehungen findet sich in der gandharischen Inschrift von Uvima Kavthisa, die nahe der Brücke von Khalatse oberhalb des Indus gefunden wurde. Sie zeigt, dass Ladakh im 1. Jahrhundert Teil des Großreiches von Kuschan war. Weitere kurze Brahmi- und Gandhari-Inschriften sind in Ladakh ebenfalls erhalten. Im 7. Jahrhundert prallten in Ladakh die von Osten her expandierenden tibetischen Truppen mit den von Norden über die Pässe aus Zentralasien kommenden Chinesen aufeinander. Nach dem Sturz der tibetischen Monarchie 842 endete auch schnell die tibetische Oberhoheit über Ladakh. Kyi De Nyima Gon, ein Repräsentant des alten tibetischen Königshauses, begründete in der Folgezeit die erste ladakhische Dynastie. Sein Königreich, Shangshung, hatte sein Zentrum jedoch östlich des heutigen Ladakh. In dieser Zeit setzte im Land die Tibetisierung ein. Nach der Eroberung holte sich die Dynastie in ihrem Wunsch, den Buddhismus gesellschaftlich zu etablieren, spirituelle Inspiration nicht aus Tibet, sondern aus dem damals als buddhistische Hochburg geltenden Nordwestindien, vor allem Kaschmir. Dies ging einher mit der Zweiten Verbreitung des Buddhismus, die von Yeshe Ö, dem König von Guge, zusammen mit Rinchen Zangpo, Atisha und später auch Dömton eingeleitet wurde. Während dieser Zeit (10. bis 13. Jahrhundert) wurden die klösterlichen Bezirke von Lamayuru, Alchi, Sumda, Nyarma und Mangyu begründet und dort die ersten Tempel erbaut und ausgestaltet.

Wenig weiß man von den ersten Königen aus dem Hause Nyima Gons. Der fünfte König dieser Linie (11. Jahrhundert) trägt den Sanskrit-Namen Utpala und eroberte Kullu, Purang und Teile Baltistans. Etwa im 13. Jahrhundert hatte Indien, aufgrund der zunehmenden Islamisierung dort, nur mehr wenig an buddhistischer Inspiration zu bieten, und Ladakh orientierte sich in spirituellen Fragen zunehmend nach Lhasa und Tibet.

Fortlaufende Plünderungen durch die ebenfalls muslimischen Staaten Zentralasiens führten zur Schwächung und teilweisen Konvertierung Ladakhs. Im ersten Viertel des 16. Jahrhunderts wurde das Land geteilt und von zwei verschiedenen Königen regiert. Unter König Bhagan, der den Titel Namgyal (»siegreich«) annahm und eine neue, bis heute erhaltene Dynastie begründete, wurde das Land wieder vereint und in der Folgezeit unter Tsewang Namgyal (ca. 1533–1575) bis nach Nepal ausgedehnt.

Unter der von kaschmirischen Muslimen gesteuerten Regentschaft von Jamyang Namgyal (ca. 1575–1595) – ihm wurde gar eine muslimische Ehefrau aufgezwungen (die ihm jedoch den berühmtesten buddhistischen König Ladakhs gebären sollte) – wurden gezielte Anstrengungen unternommen, Ladakh zum Islam zu konvertieren. Zahlreiche buddhistische Klöster und Kunstwerke wurden zerstört. Daher existieren heute im Land nur noch wenige Tempelstätten aus der davor liegenden Zeit. Sengge Namgyal (1595–1645), der »Löwenkönig«, war nun in der Lage, aufgrund des Zerfalls der von Kaschmir ausgehenden muslimischen Oberherrschaft, diese Entwicklung zu unterbrechen. Seine ambitionierten Anstrengungen, Ladakh zu seiner einstigen buddhistischen Glorie zurückzuführen, machten ihn zum berühmtesten König Ladakhs. Mehrere Klöster wurden unter seiner Regentschaft wiedererrichtet, verschiedenartige Ausbildungsstätten und Kunstateliers für Malerei, Bildhauerei und Metallarbeit eingerichtet und die bildenden Künste Musik und Tanz gefördert. Bücher wie der buddhistische Kanon (Kanjur und Tanjur) oder die Biografien von Padmasambhava und Tagtshang Repa wurden in Gold-, Silber- und Kupferlettern kopiert, und für sich selbst ließ König Sengge Namgyal den eindrucksvollen neunstöckigen Palast von Leh erbauen. Unter seiner Führung wurden der Serzang Lhakang in Basgo und der Tuba Lhakang in Shey mit seiner riesenhaften Buddha-Statue in Shey errichtet. Mani-Mauern in ihrer gegenwärtigen Form wurden eingeführt und eine große Anzahl von Chörten gebaut. Über seinen Berater in spirituellen Fragen, Tagtshang Repa, förderte Sengge Namgyal die Druk-pa-Kagyü-pa-Sekte aus Bhutan, und so entstanden die Klöster von Hemis, Chemre und Stakna. Sengge Namgyal erweiterte das Reich bis nach Zanskar, Spiti, Nord-Kinnaur und Guge sowie zeitweilig bis nach Zentraltibet hinein. Eine Expansion gen Westen jedoch wurde von den in Indien zur Macht gelangten Moguln, die bereits Kaschmir und Baltistan besetzt hielten, verhindert. Sie bedeuteten auch für Ladakh eine so große Bedrohung, dass Sengges Sohn, Dedan Namgyal (1645–1675), der durch die Eroberung der Burgen Henascu, Stagtse, Chigtan und Shagar die vormals unabhängigen dardischen Fürstentümer von Purig und Baltistan unterworfen hatte und damit das Reich seines Vaters noch erweitern konnte, gezwungen war, die Oberhoheit der Moguln in der Region offiziell anzuerkennen und als Zeichen dafür in Leh eine Moschee bauen zu lassen.

Im späten 17. Jahrhundert, während der Regierungszeit Deleg Namgyals (ca. 1675–1705), wurde Ladakh von der tibeto-mongolischen Armee angegriffen, die mit Militärgewalt die Herrschaft der reformierten Gelug-pa-Sekte über die Druk-pa Kagyü-pa und andere in Ladakh vertretenen buddhistischen Richtungen erreichen wollte. Der König erbat die Hilfe von Mogul-Kaschmir und musste nach der erfolgreichen Verteidigung des Landes im Gegenzug die Regionen von Baltistan und Purig an Kaschmir

Ein Teil der jüngst renovierten Burg von Basgo mit dem Maitreya-Tempel.

Der Eingang zum Palast Sengge Namgyals in Leh wird bezeichnenderweise »Löwentor« genannt. Seine Säulenkapitelle sind mit geschnitzten Löwen verziert. Foto links: M. Beck. Foto rechts: B.P. Lal 1909, Courtesy: Friends of the Kern Institute, Leiden (P-038974).

Gegenüber: *Ein in seiner Aussage auf das Wesentliche reduziertes Bild von Heinrich Harrer zu Ladakh: der Königspalast von Leh im Abendlicht, im Hintergrund Schneeberge, im Vordergrund eine Ladakherin, die möglicherweise gerade von der Feldarbeit kommt.*

abtreten. Am härtesten jedoch traf das Land der Verlust des Monopols im Wollhandel an die Kollaborateure.

Die Geschichtsschreibung des 18. Jahrhunderts spricht einerseits von der großzügigen königlichen Unterstützung der Religion, andererseits jedoch auch von vielfältigen und kontinuierlichen Zwistigkeiten unter den Nachfolgern Nyima Namgyals, die mit einem zunehmenden Einfluss des Islam einhergingen. Politisch genoss das Land bei nominalen Tributzahlungen an Kaschmir eine relative Autonomie und unterhielt weitreichende Handelsbeziehungen. Um die Wende vom 18. zum 19. Jahrhundert brach das Mogul-Reich zusammen, und im Punjab und in Kaschmir etablierten sich die Sikhs zunehmend als Herrscher. In Jammu, der Heimat der Volksgruppe der Dogra, setzte Maharaja Ranjit Singh Rajput-Herrscher ein, deren Mächtigster Gulab Singh (1792–1857) wurde. Dieser annektierte nach und nach Gebiete nördlich seiner Heimatstadt und ließ seinen Befehlshaber General Zorawar Singh 1834 schließlich auch in Ladakh einfallen. Dessen Regent, Tsepal Namgyal, wurde gestürzt und in die kleine Ortschaft Stok verbannt (wo die Familie bis heute eine Residenz hat). Nach den gescheiterten Versuchen der Dogra, ihr Reich bis nach Tibet und Nepal auszudehnen, setzte sich das Tauziehen um Ladakh, in das auch die Kolonialmacht England über die East India Company verwickelt war, bis 1842 fort. Unter Sicherung seiner Vormachtstellung im Handel mit Wolle überschrieb England 1846 Ladakh (und auch einige der angrenzenden Hochgebirgsregionen) an den mittlerweile zum Herrscher über Kaschmir avancierten Gulab

Impressionen Heinrich Harrers vom Klosterfest in Hemis 1976 – heute der größte Touristenmagnet des Landes, damals noch getragen von Intensität, Hingabe und dem tiefen Interesse der Bevölkerung am Ausgang der ewigen Inszenierung des Kampfes zwischen Gut und Böse, den die klösterlichen Mysterienspiele darstellen.

Gegenüber oben links: *Mönche verkünden mit Langhörnern den Beginn der Tänze.* Oben rechts: *Auftritt des Mahakala, der höchsten Schutzgottheit.* Unten links: *Metallmasken der Dakinis (Luftwandlerinnen), den Begleiterinnen Padmasambhavas.* Unten rechts: *Gebannte Zuschauer.*

Diese Seite: *Eskorte für die Maske des Guru Rinpoche, des großen Tantrikers Padmasambhava aus dem 8. Jahrhundert.*

Kloster Alchi

Idyllisch zwischen Aprikosenbäumen am unteren Indus gelegen (gegenüber), *ist der im 11. Jahrhundert von Kalden Sherap gegründete Alchi Chökhor das kunsthistorische Kleinod Ladakhs. In seinen zwei Haupttempeln, dem Dukhang und vor allem dem von Tsülthim Ö in Auftrag gegebenen, dreigeschossigen Sumtsek, befinden sich weltweit einzigartige und unvergleichliche Malereien des späten Kaschmir-Stils aus der Mitte des 12. bis zum Beginn des 13. Jahrhunderts. Der Sumtsek wird an drei Wänden von 4 bis 4,6 Meter hohen Bodhisattva-Figuren aus Lehm eingenommen: Manjushri, Maitreya (Foto links: M. Beck) und Avalokiteshvara. Ihre Beinkleider sind jeweils außerordentlich fein mit Miniaturmalereien dekoriert, im Falle von Avalokiteshvara* (rechts) *mit Darstellungen von Tempeln, Schreinen, Pilgerorten und Palästen im Kaschmir-Tal. Fotos rechts und gegenüber: M. Henss.*

Singh in dessen Staat Jammu and Kashmir. Ein gewisses Maß an Autonomie sowie die Beziehungen nach Tibet konnte sich Ladakh jedoch erhalten.

Auch nach der indischen Unabhängigkeit 1947 blieb Ladakh Teil des nun als Bundesstaat fungierenden Jammu and Kashmir, der von Srinagar aus verwaltet wurde. 1948 marschierten pakistanische Truppen nach Ladakh ein, besetzten Kargil und Zanskar und kamen bis 30 Kilometer vor Leh. Auf indischer Seite wurden Verstärkungstruppen eingeflogen, und ein Bataillon der Gurkhas rückte zu Fuß vom Tiefland bis Leh vor. Kargil war immer wieder Schauplatz von Kämpfen: 1965, 1971 und zuletzt 1999. Im Jahr 1949 schloss China die Grenze zwischen Nubra und Sinkiang und setzte damit der tausend Jahre alten Handelsbeziehung zwischen Indien und Zentralasien ein abruptes Ende. 1950 marschierte China in Tibet ein, und tausende Tibeter, einschließlich des Dalai Lama, suchten Asyl in Indien. 1962 folgte die chinesische Besetzung des Aksai-Chin-Plateaus im Norden Ladakhs, der unmittelbar ein groß angelegtes Straßenbau-Projekt folgte, um Sinkiang mit Tibet zu verbinden. China arbeitete außerdem mit Pakistan zusammen, um den Karakorum-Highway zu bauen. Dem setzte Indien den Srinagar-Leh-Highway entgegen und reduzierte so die Wegzeit zwischen Srinagar und Leh von sechzehn auf zwei Tage. Gleichzeitig schloss China die tibetische Grenze nach Ladakh und beendete die siebenhundertjährige Beziehung zwischen beiden Ländern.

Seit den frühen 1960er-Jahren hat sich die Anzahl tibetischer Flüchtlinge (einschließlich Chang-pa-Nomaden) in Ladakh immer weiter erhöht. Heute leben in Leh ca. 3500 Flüchtlinge aus Tibet. Seit der Unabhängigkeit Indiens wird Ladakh vom kaschmirischen Srinagar aus verwaltet, sehr zum Ärgernis der lokalen Bevölkerung, die verlangt, dass ihr Land direkt von New Delhi aus als ein Unionsgebiet regiert werden solle. Als Gründe führen sie fortwährende Apathie der muslimischen Regierung gegenüber ihren Belangen, religionsbedingte Ablehnung und Korruption der Landesregierung an. 1989 kam es zu gewaltvollen Auseinandersetzungen zwischen Buddhisten und Muslimen, die den Ladakh Buddhist Council veranlassten, zu einem allgemeinen sozialen und wirtschaftlichen Boykott gegen die Muslime aufzurufen. Dieser wurde erst 1992 wieder aufgehoben. Im Oktober 1993 gewährte die indische Regierung zusammen mit der Landesregierung Ladakh die Einrichtung eines Autonomen Rates. So wurde 1995 der Ladakh Autonomous Hill Development Council ins Leben gerufen, der sich seither für die Vertretung der Interessen der ursprünglichen Bevölkerung im Land einsetzt.

Lehmfiguren im Sumtsek

Oben: *Eine freizügig gekleidete weiße Göttin aus dem Umfeld Maitreyas. Foto links: H. Harrer. Foto rechts: B.P. Lal 1909, Courtesy: Friends of the Kern Institute, Leiden (P-039009).*

Unten: *Kopf des Avalokiteshvara mit Amitabha in der dreifach geteilten Krone, umgeben von fliegenden Genien. Foto: H. Harrer.*

Vorhergehende Seite: *Vom thematischen Standpunkt her bilden die zehn Mandalas im ersten Obergeschoss des Sumtsek (Durchmesser jeweils ca. 1,2 Meter; drei weitere befinden sich im zweiten Obergeschoss) sicherlich den Höhepunkt der Malerei Alchis. Sie richten den Blick des Betrachters auf eine höhere Bewusstseinsebene und setzen auf ästhetisch höchst ansprechende Weise die erkenntnistheoretischen Schriften in visuelle Initiationsvehikel um. Das vorrangig in den Bildnissen dargestellte Konzept ist jenes des Vajradhatu-Mandalas, wie es bis ins 13. Jahrhundert in den meisten Klostergründungen favorisiert wurde. 37 Gottheiten sind dargestellt. Vairochana in der Handhaltung der »Weisheitsfaust« nimmt den zentralen Platz ein, umgeben von den vier Lichtbuddhas Akshobhya, Ratnasambhava, Amoghasiddhi und Amitabha in den vier Himmelsrichtungen sowie den vier begleitenden weiblichen Gottheiten. Das äußere Quadrat zeigt die restlichen 16 Bodhisattvas dieses Konzepts, vier Opfergöttinnen des inneren Rings sowie vier Torwächter. Außerhalb des Kreises, in Eckmedaillons, sind die Opfergöttinnen des äußeren Rings untergebracht. Foto: M. Henss.*

Diese Doppelseite: *Ebenfalls im ersten Obergeschoss finden sich Bildnisse mehrarmiger Gottheiten. An der rechten Wand ist es die achtarmige Grüne Tara in ihrer Form als »Erlöserin von den acht Arten der Angst und Gefahr«* (gegenüber)*, der, wie am Rand zu erkennen, die Menschen zustreben. Von kleinen Medaillons innerhalb ihres Heiligenscheins aus agieren kleine Gottheiten als »helfende Hände«. An der linken Wand ist über der Nische der Avalokiteshvara-Figur das elfköpfige und – einzigartig hier – mit elf Armpaaren ausgestattete gemalte Äquivalent des Bodhisattvas zu bewundern* (oben rechts)*. Er erlöst die ewig hungrigen Geister mittels der Tugenden des Mitgefühls und der liebenden Freundlichkeit. An der Rückwand befindet sich rechts ein Bilderfries, der der Göttin Prajnaparamita gewidmet ist. Dieser zugeneigt ist ein stark indisch anmutender Bodhisattva mit minutiös gestalteten Tüchern und Beinkleid dargestellt, neben dem eine wiederum mit elf Köpfen und Armpaaren ausgestattete, jedoch rot-braune Version des Avalokiteshvara in höchster Vollendung zu bewundern ist. Sonne und Mond in Händen haltend und von einer noblen Dame und ihrem Sohn zu seinen Füßen verehrt, ist diese Form des Bodhisattvas des universalen Mitgefühls einmalig. Alle Fotos: M. Henss.*

Bildnisse aus dem Erdgeschoss des Sumtsek

Links: *Eckbereich, in dem die Darstellungen der Vertausendfachung zweier Gottheiten aufeinander treffen – die des blauen Buddhas Akshobhya und die des gelben Bodhisattvas Manjushri.* Rechts unten: *Anbetung des Buddhas Amitabha. Sein Gewand trägt Medaillons mit Elefanten. Im unteren Bereich des Bildes im hellgelben Ornat ist möglicherweise Tsülthim Ö, der Erbauer des Sumtsek, abgebildet, ebenso wie in der Szene der Anbetung des Bodhisattvas Manjushri* (rechts oben) *am linken Rand.* Gegenüber: *Bis ins letzte Detail feinst ausgeführt ist diese Darstellung des Buddhas Amitabha auf dem Thron; man beachte die Schattierungen und die Gestaltung des Gewandes mit sassanidischen Reitern. Alle Fotos: M. Henss*

Weibliche Gottheiten im Sumtsek

Oben: *Eines der berühmtesten Motive aus Alchi ist das der exquisit und höchst detailreich gestalteten Grünen Tara (Sassanidische Vögel in der Krone, Gewandgestaltung, Punktschattierung …). Das Dachgebälk ihres Palastes nehmen die Fünf Lichtbuddhas ein, zu ihren Füßen zollen ihr eine noble Dame und ein Priester Verehrung.*

Links: *Die vielen im Bild verteilten Leichenteile legen nahe, dass dieses Bildnis eine Hommage an eine vorbuddhistische Gottheit darstellt, die möglicherweise lokal verehrt wurde. Remati, die Göttin im Pfauengewand auf dem blauen Maultier, findet sich auch im Serkhang von Lhalung in Spiti. Sie ist der Schutzgöttin Dorje Chenmo von Tabo, ebenfalls in Spiti, nicht unähnlich, die als Schutzgöttin Rinchen Zangpos gilt.*

Gegenüber: *Guhyaghanda, Opfergöttin des äußeren Ringes aus dem Vajraguhya-Mandala im ersten Obergeschoss. Alle Fotos: M. Henss.*

NUBRA

DÜNEN NACH ZENTRALASIEN

Nubra – eine Region, die erst kürzlich und nur zum Teil für eine beschränkte Zahl von Touristen geöffnet wurde, befindet sich nördlich von Ladakhs Hauptstadt Leh. Hauptzugangsweg ist der Beacon-Highway über den Khardung-Pass (ca. 5364 Meter), die vermutlich höchstgelegene befahrbare Straße der Welt. Die Herkunft des Namens Nubra liegt in seiner Geschichte. In Ladakhi hieß das Land einst Largeb – »das Tal hinter dem Pass«. Es wurde zu Nub-ra, als die lokale Bevölkerung Ladakh um Hilfe gegen die Angriffe der benachbarten Könige des westlich gelegenen Baltistan anrief (wohl vor 1400): *Nub* bedeutet »Westen« und *ra* »Krieg«. Im Tibetischen Ldum-ra (»der Blumengarten«) genannt, liegt Nubra nicht ganz so hoch wie Ladakhs zentrales Indus-Tal. Daher ist es, obwohl nördlicher gelegen, klimatisch etwas stärker begünstigt. Apfel-, Aprikosen- und Maulbeerbäume sowie üppige Gerstenfelder, denen Pappeln und Weiden Schatten spenden, bilden die fruchtbaren Oasen dieses Landes, das stärker als Ladakh versandet ist. Tatsächlich finden sich sogar ausgedehnte Dünengebiete entlang der beiden Hauptflüsse der Region, Shayok und Nubra, die den aus Zentralasien von Handelsexpeditionen übriggebliebenen baktrischen Kamelen mit ihren empfindlichen Fußsohlen eine Heimat ähnlich ihrer ehemals gewohnten Umgebung bieten. Zahlreiche malerische Ortschaften finden sich entlang der beiden Wasserläufe; die wichtigste ist das Verwaltungszentrum Deskit, das größte Dorf heißt Hundar, und Panamik ist bekannt für seine Schwefelquellen. Doch wie im trockenen Klima von Ladakh und Spiti sind die beiden Flüsse kaum zur Bewässerung geeignet. Deshalb ist auch in Nubra Vegetation nur dort vorhanden, wo genügend Schmelzwasser von den Gletschern der mehr als 7000 Meter hohen Berge zur Verfügung steht.

Der höchste dieser Berge, der 7742 Meter hohe Saltoro Kangri, erhebt sich über einem Ort, der traurige Berühmtheit erlangt hat: Nubra besitzt den höchstgelegenen Kriegsschauplatz der Erde. Es ist dies der 70 Kilometer lange und 5500 Meter hoch gelegene Siachen-Gletscher, der ungefähr 30 Kilometer von Panamik entfernt am Oberlauf des Nubra-Flusses liegt. Hier drangen in den frühen 1980er-Jahren indische Soldaten ins benachbarte Baltistan ein, um die von Pakistan zwischen 1948 und 1971 besetzten Gebiete zurückzuerobern. Da niemand einen Krieg in solchen Höhen für möglich gehalten hatte, war in den Waffenstillstandsvereinbarungen von 1971 keine exakte Grenzlinie zwischen Indien und Pakistan festgelegt worden, was seitdem immer wieder zu Kämpfen geführt hat. Sogar im Sommer bleibt die Temperatur auf dem Siachen unter dem Gefrierpunkt, im Winter fällt sie bis auf minus 50 Grad Celsius. Unter

Vorhergehende Doppelseite: *Der Weiler Tirit kurz nach Erreichen der Shayok-Talsohle vom Khardung-Pass aus.*

Gegenüber: *Das Kloster Deskit wacht über das Nubra-Tal.*

Oben: *Ein weißer Mahakala in Deskits Tempel der Schutzgottheiten (Gönkhang). Auf seinen Händen ruhen ein Schädel und ein mumifizierter Arm, die einem Befehlshaber der hier vernichtend geschlagenen mongolischen Armee gehört haben sollen (vgl. Seite 217).*

Das Nubra-Gebiet besteht aus den beiden versandeten, wüstenähnlichen und außerordentlich breiten Flusstälern des Shayok und des Nubra-Flusses, die hier bei Sumur zusammenfließen. Shayok-aufwärts beginnt die Übergangsregion nach Baltistan im heutigen Pakistan. Hier im Chorbat-Gebiet leben etwa 2800 Muslime dardischer Herkunft. Foto links: R. Vohra.

diesen Gegebenheiten verloren beide Seiten seit dem Beginn des Krieges mehr Soldaten durch Lawinen, Stürze in Gletscherspalten, Schneeblindheit, Erfrieren und akute Höhenkrankheit als durch die Kämpfe selbst.

Die ca. 12 000 Menschen im Herzen Nubras, dem größten Teilgebiet Ladakhs, sind vorwiegend Buddhisten. Ihr religiöses Leben konzentriert sich um einige wenige Klöster, von denen Deskit wegen seiner Lage auf einem steilen Berg hoch über dem gleichnamigen Dorf das eindrucksvollste ist. Ungefähr 80 Mönche leben in seinen 570 Jahre alten, labyrinthartig angelegten Gebäuden, die man entlang endloser Reihen von Chörten und Mani-Mauern erreicht, auf denen einige wunderschön gearbeitete Steintafeln zu finden sind. Neben einem Kloster aus jüngerer Zeit besitzt Hundar, die ehemalige Hauptstadt Nubras, zwei Tempel von beträchtlichem Alter und weitreichender Bedeutung: den Roten Tempel und den Weißen Tempel. Beide stehen auf einem Vorsprung eines südwestlich hinter Hundar gelegenen Bergrückens und wurden vermutlich im 11. Jahrhundert n.Chr. von Rinchen Zangpo erbaut. Verschiedene Inschriften, insbesondere im Roten Tempel, sowie der Stil einiger Malereien, die historische Szenen darstellen, unterstützen diese Annahme, obwohl die meisten der Wandmalereien später zu datieren sind. Das dritte bedeutende Kloster liegt etwas östlich von der Ortschaft Panamik.

Doch nicht alle Einwohner Nubras sind Buddhisten. Reist man den Shayok aufwärts, erreicht man die Gemeinden Turtok und Bogdang im Chorbat-Gebiet, das die Übergangszone zum benachbarten, schon auf pakistanischem Gebiet liegenden Baltistan bildet. Hier wohnen etwa 2800 Muslime.

Von der Geschichte Nubras ist nicht viel bekannt. Es scheint so, dass Nubra seit 1400 eine Provinz Ladakhs war. Vor dieser Zeit wurde das Land von seinen eigenen Königen regiert. Inschriften im Roten Tempel von Hundar berichten von einheimischen Gyalpos, höchstwahrscheinlich Darden, denen man eine große Anzahl von Burgen in ganz Nubra zuschreibt, die heute allerding nur noch Ruinen sind. Ein Palast, unterhalb des Tempels in der Ortschaft Hundar gelegen, existiert dagegen noch immer und kann nach Absprache mit den Mönchen des neuen Klosters besucht werden. Aufgrund der Nachbarschaft beider Regionen erscheint es wahrscheinlich, dass es Verbindungen zwischen Nubra und dem angrenzenden Baltistan gab: Bevor es ein Teil von Ladakh wurde, gehörte Nubra zum Königreich Khapolor, das sich von Nubra bis in Gebiete im Osten Baltistans ausdehnte und dessen Herrscher angeblich zurückverfolgt werden können bis zu einem Sultan mit dem Namen Sikander – dem in dieser Region gebräuchlichen Namen für Alexander den Großen.

Bekannt ist noch, dass den im 16. Jahrhundert von baltistanischer Seite ausgehenden islamischen Invasionen in der Gegend von Hundar heldenhaft Einhalt geboten wurde, wodurch Ladakh von Zerstörung und Plünderung verschont blieb. Nubra war stets eine Übergangszone zwischen Indien und Zentralasien, da bis in die jüngste Geschichte

Oben: *Allabendlich fegen Sandstürme die Flüsse entlang. Ein eigentümlicher Anblick in dieser Gegend voller vergletscherter Berge.*

Gegenüber: *Doch die wüstenhaften Bedingungen haben auch zu einer anderen Kuriosität in diesem Tal geführt: Nubra ist die Heimat von ungefähr 50 baktrischen Kamelen, die aus Kasachstan hierher kamen. Diese Tiere sind Überbleibsel aus den Tagen der großen Karawanen, die es noch bis in die 1930er-Jahre gab und die auch der berühmte Asienforscher Sven Hedin um die Jahrhundertwende für seine Expeditionen ausrüstete (Foto oben: Herrnhuter Brüdergemeinde, Sammlung Vohra). Jedes Jahr zogen zwischen 8000 und 10 000 Kamele auf der Route von Kaschmir nach Yarkand in Zentralasien und wieder zurück durch Nubra. Als der Handel zwischen Indien und China zum Erliegen kam, wurden die Kamele »außer Dienst gestellt«. Bemühungen, sie im felsigen Indus-Tal ebenfalls als Lasttiere einzusetzen, schlugen fehl, da die Kamele sandige Wüstengebiete brauchen, wie sie sich von Nubra bis nach Zentralasien (Gobi, Taklamakan) ausdehnen.*

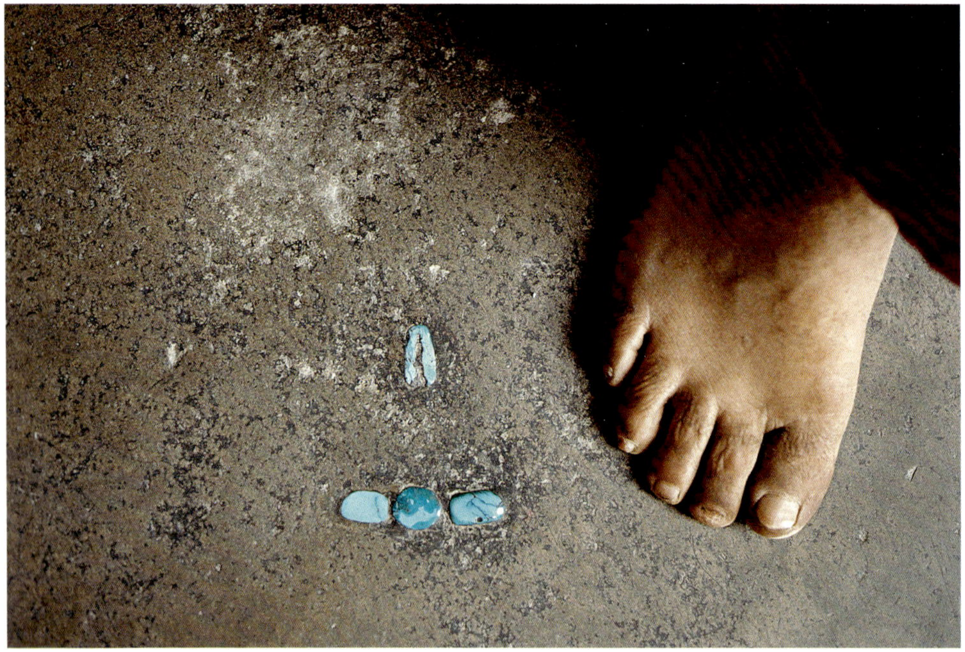

Links und gegenüber: *Schier unerreichbar, dem Himmel näher als der Erde, thront Deskit Gompa hoch über einem wilden Bach auf der Spitze einer schwindelerregenden Steilwand. Wenn im Winter der Bach, die einzige erreichbare Wasserquelle für das Kloster, gefroren ist, müssen die 80 Mönche über einen halsbrecherischen Trampelpfad hinab ins Tal, um das kostbare Nass in Kübeln hinaufzutragen. Während des Sommers ziehen sie über eine Seilwinde die Wassereimer zum Kloster hoch. Ungefähr 80 Mönche leben in den 570 Jahre alten, labyrinthartig angelegten Gebäuden, die man über einen Pfad erreicht, der an endlosen Reihen von Chörten und Mani-Mauern vorbeiführt.*

Oben rechts: *Eine Abwehrmagie aus drei Türkisen bewacht den Eingang zu Deskits Tempel der Schutzgottheiten (Gönkhang). Um die in ihm verehrte Figur eines weißen Mahakala, in dessen Armen ein Schädel und ein mumifizierter Arm ruhen (siehe Seite 211), rankt sich die Legende, dass einst, als die Mongolen einen Raubzug durch Ladakh machten, sie auch nach Deskit kamen. Gerade als der Befehlshaber dabei war, die Statuen im Gönkhang zu zerstören, brach er zusammen. Gemäß dem Motto: »Wenn der König tot ist, ist die Armee geschlagen« traten die Soldaten den Rückzug an. Nachdem so die Schlacht gewonnen war, warfen die Mönche den Leichnam des Befehlshabers aus dem Tempel hinaus. Doch zu ihrer großen Überraschung fanden sie am nächsten Morgen den Schädel und einen Arm des Befehlshabers auf dem Schoß der Mahakala-Statue. So oft sie auch versuchten, die Skelett-Teile aus dem Tempel zu entfernen – die Knochen fingen sogar jedes Mal an zu bluten, wenn sie sie berührten –, sie kehrten durch eine magische Kraft immer wieder zu Mahakala zurück. Und dort sind sie heute noch …*

die Karawanen von und nach Ost-Turkestan und in andere Regionen des heutigen China dieses Gebiet durchzogen. Der Saser-Pass (5249 Meter) und der berühmte Karakorum-Pass (5575 Meter) liegen beide am nordwestlichen Ende des Tales und verbinden es mit Yarkand im Tarim-Becken und Sinkiang (Xinjiang). Der Saser-la führt vom Kopf des Nubra-Tales über das Obere Shayok-Tal zum höher gelegenen, aber leichter begehbaren Karakorum-la. Wie es George N. Roerich 1931 ausdrückte, war der Saser-la »berüchtigt … nicht der höchste, aber vermutlich eindrucksvollste und gefährlichste all der vielen Pässe auf der Karawanenroute zwischen Ladakh und Yarkand«. Selbst im Sommer konnte er nicht umgangen werden und forderte einen hohen Tribut an Packtieren wie Ponys und Mulis. Auf die ortsansässigen baktrischen Kamele, wie sie nördlich Verwendung fanden, konnte nicht zurückgegriffen werden, da der Pass für sie stets zu stark vereist war. Dann folgte der Karakorum-la. In der Turkmenen-Sprache bedeutet Karakorum wörtlich »Schwarzer Schotter«. Hier waren hauptsächlich die Höhe und der Mangel an Futter verantwortlich für den Tod ungezählter Packtiere, deren Überreste den Weg dies- und jenseits des Passes säumen – auch, da der Überquerung ein gefürchteter Dreitagesmarsch über die ca. 5300 Meter hoch gelegene Depsang-Ebene vorausging. Im Norden war das Land dann etwas weniger trostlos und es musste noch der relativ einfache und abermals niedrigere Suget-Pass überquert werden, bevor dann endlich die saftigen Weiden bei Shahidullah (Xaidulla) im oberen Tal des Karakash-Flusses erreicht waren. Der nur 45 Meter breite Karakorum-Pass bildet einen Sattel zwischen zwei Bergen und markiert exakt die Grenze zwischen dem von Indien und China kontrollierten Gebiet. Er spielt eine wichtige geografische Rolle in der Auseinandersetzung zwischen Indien und Pakistan um den unmittelbar westlich gelegenen Siachen-Gletscher. Aufgrund dieser prekären politischen Situation ist der Pass seit langem für sämtlichen Verkehr geschlossen und wird es wohl auch noch für lange Zeit bleiben.

DAH-HANU

LETZTE ZUFLUCHT DER ARIER

Etwa 100 Kilometer westlich der ladakhischen Hauptstadt Leh liegt relativ geschützt die kleine Ortschaft Khalatse (3086 Meter), wo großflächig Aprikosen, Äpfel und Weintrauben angebaut werden. Khalatse war einst eine bedeutende Karawanserei für die Händler aus Kaschmir auf ihrem Weg nach Leh oder ins benachbarte, heute in Pakistan liegende Baltistan. Ende des 19. Jahrhunderts wählte es die Herrnhuter Brüdergemeinde als Standort für ihre (nicht sehr erfolgreichen) Missionsbestrebungen im westlichen Teil Ladakhs und entlang des unteren Indus nach Norden. Aufgrund seiner Enge, Unwegsamkeit und Gefahren vermieden die Händler meist diesen Weg entlang des Unteren Indus und zogen die Pässe nach Nubra vor. Die Missionare jedoch wählten ihn bewusst, um ein Gebiet zu erreichen, das nach der Indischen Unabhängigkeit wegen seiner Nähe zur pakistanischen Grenze bis Ende der 1990er-Jahre für sämtliche Ausländer gesperrt war. Hier begegneten sie Menschen, die ganz anders waren als der Rest der ladakhischen Bevölkerung, mit europäischen Zügen, heller Haut und hellen Augen. Alle waren reich mit Blumen geschmückt. Die Gesichtszüge der Männer erinnerten an rumänische Bauern, und die Frauen zeigten Ähnlichkeiten zu den Sinti und Roma. Sie sprachen eine vollkommen andere Sprache als die Ladakhi und verehrten unbekannte Götter. Dieses mysteriöse Volk, dessen Kultur in einigen Landstrichen ihres entlegenen Verstecks zu weiten Teilen überlebt hat, scheint der letzte Überrest der vormaligen Hauptbevölkerung zumindest des westlichen Ladakhs zu sein bzw. ihr sogar vorauszugehen. Obwohl diese vormalige Hauptbevölkerung aus einer relativ großen Anzahl verschiedener und oftmals sogar voneinander unabhängiger Volksgruppen bestand, wird sie zusammenfassend als Darden bezeichnet.

Die Darden finden bereits im alten Griechenland geschichtliche Erwähnung (Herodot, Alexander der Große). Sämtliche klassisch-indische Literatur spricht von ihnen (Mahabharata, Puranas, Ramayana) wie auch die Schriften des indischen Buddhismus, die man in Zentralasien gefunden hat. Die Heimat der Darden ist das heutige Nord-Pakistan (Gilgit, Chitral, Hunza, Baltistan); sie sind indo-arischer Herkunft. Es ist spekuliert worden, dass sie Teil der Volksgruppen sind, die die originäre Bevölkerung eines riesigen Gebiets zwischen dem Kaukasus, Iran, Kleinasien und Mesopotamien bis nach Afghanistan bildete, das sich um ca. 1500 v.Chr. bis nach Nordindien ausgebreitet hatte. Nahezu alle Quellen beschreiben die Darden als kriegerisches und unabhängiges Volk. Ohne Zweifel stellten sie eine ernstzunehmende Bedrohung für die Herrscher von Kaschmir sowie Westtibet und Ladakh dar. Überreste ihrer einst starken militärischen

In einem engen Tal im Westen Ladakhs leben noch 2000 Menschen eines Volkes, das wohl einmal die Urbevölkerung eines viel größeren Gebiets des Himalaya stellte – die indo-arischen Minaro aus der ethnischen Gruppe der Darden. Nicht nur äußerlich unterscheiden sie sich von den sie umgebenden tibetischen Volksgruppen, sondern auch in ihrer Sprache und ihrer, in weiten Teilen noch gelebten, animistischen Kultur. Oben: *Das Dorfoberhaupt von Baldes und seine Frau.* Gegenüber: *Brücke über den Indus bei Baldes.*

Vorhergehende Doppelseite: *Das Oberhaupt von Bheema mit reich geschmückten Dorfmitgliedern beim Tanz.*

Präsenz finden sich in Form von trutzigen Burgruinen im gesamten westlichen Ladakh. Sie erzählen eine Geschichte der blutigen Auseinandersetzungen, die einst hier zwischen den Darden und verschiedenen Eindringlingen stattfanden, die es darauf anlegten, ihnen ihr angestammtes Territorium streitig zu machen und die Darden schließlich auch bezwangen. Noch eindrucksvoller jedoch sind die unzähligen Felsbrocken, die sich überall zwischen Ladakh und Tabo in Spiti finden, die zum Teil über und über mit Ritzzeichnungen von Jagdszenen und vor allem von Steinböcken versehen sind, welche ein Kernmerkmal ihrer Kultur darstellen und als Zeugnisse ihres ehemaligen Siedlungsgebiets herangezogen werden können (siehe unten).

Darden finden sich heute im ladakhischen Kargil-Distrikt (zum Beispiel in Dras), wo ihre ursprüngliche Religion sich schon früh mit dem Buddhismus Kaschmirs vermischte, bis die Menschen schließlich im 17. Jahrhundert zum Islam konvertierten. Wie aus den Namen von persönlichen Göttern und Hausgöttern in den Dörfern von Khalatse bis Leh geschlossen werden kann – sowie aus noch heute bestehenden Nahrungstabus, die typisch für die Darden, jedoch untypisch für die Ladakhi sind und dennoch von jenen dort ansässigen praktiziert werden –, waren die Darden einst wohl in diesem gesamten Teil Ladakhs als Urbevölkerung anwesend. Außerdem wurden Darden-Gräber in Leh gefunden, und es besteht Grund zu der Annahme, dass sie auch bis jenseits von Rupshu siedelten.

Vieles spricht dafür, dass die Darden ebenfalls die ursprüngliche Bevölkerung Zanskars waren. Die Region ist geradezu übersät mit Steinbock-Gravierungen, und in einer großen Anzahl gegenwärtiger zanskarischer Praktiken erkennt man für die Darden typische Elemente. Zudem gibt es in Zanskar eine Anzahl an Dardensiedlungen – Remala, Gyagam, Hameling (dessen originärer Name Hanu-ling war, in Beziehung zum Dorf Hanu in der Dah-Hanu-Region), Bacartse und Marutse nahe dem Pensila –, die jedoch recht stark in der typischen gegenwärtigen zanskarischen Kultur aufgegangen sind. Eine Reihe von kleineren Weilern östlich von Thonde (Pishu, Pidmo, Shun und Shade) soll in ihrer Kultur ebenfalls noch dardische Bezüge aufweisen.

Nirgends jedoch hat sich die ursprüngliche dardische Kultur besser erhalten als im Unteren Indus-Tal nördlich von Khalatse mit seinen 14 Dörfern und Weilern Hanu Thang, Hanu Yogma, Hanu Gongma, Sanid, Bheema, dem französich klingenden Lastiance, dem an spanische Dorfnamen erinnernden Baldes mit seinem Ortsteil Pardos, der griechische Assoziationen weckt, Dah, Garkhun, Urdas, Sanaicha, Darchik, Batalik und Gurgurdho. Tatsächlich ist die Kultur in diesem engen und öden Tal, das man aus Mangel eines besseren Namens für administrative Zwecke nach seinen zwei Hauptortschaften »Dah-Hanu« benannt hat, so anders und einzigartig, dass man die hier lebenden Menschen sogar für die Urahnen ihrer dardischen Vettern im Rest des westlichen Himalaya hält. Es erscheint daher notwendig, die Menschen von Dah-Hanu, obwohl ethnisch klar dardischen Ursprungs, anders zu bezeichnen. Ihre ladakhischen

Nachbarn nennen sie Drok-pa – eine Bezeichnung, die auf ihre Tätigkeit als Hochlandhirten hinweist. Ursprünglich lehnten die Menschen von Dah-Hanu diesen Namen für sich als geringschätzig ab. Jedoch vor dem Hintergrund der Notwendigkeit, sich selbst als Gruppe gegenüber dem zunehmenden Einfluss von Fremden abzugrenzen, was zuvor nur mittels des Familiennamens geschah, ist die Bezeichnung Drok-pa heute von den Menschen Dah-Hanus akzeptiert. Einige lokale Schriften nennen sie Kadim Darden. Arderkaro, Machnopa und »Buddhistische Darden« sind Namen, die Wissenschaftler ihnen im 19. und 20. Jahrhundert gaben. Ein Blick auf die Sprache der Menschen dieses Tals ist höchst aufschlussreich: Neben ihrer täglichen Umgangssprache (Drokskad) sprechen die Menschen von Dah-Hanu vor allem während religiöser Zeremonien, bei ihrem größten lokalen Fest Bononah und in Rezitation ihrer Herkunft und Genealogie eine Sprache, die der Shina-Untergruppe des Indo-Europäischen angehört, wie es in den nord-pakistanischen Provinzen von Chitral, Astor und Gilgit gesprochen wird. Die Menschen sagen, dass diese Sprache von einem Großteil ihrer Urahnen gesprochen wurde, den ersten Siedlern in ihrem Tal. Es erscheint daher nur folgerichtig, die Bevölkerung, die nicht nur sprachlich, sondern auch in sonstigen Kulturäußerungen einen starken Bezug zu diesen Urahnen zu haben scheint, so zu nennen, wie diese: Minaro.

Es gibt eine Menge weiterer Rechtfertigungen hierfür. Zum einen hat Michel Peissel, der sich intensiv mit der Herkunft und Kultur dieser ethnischen Gruppe beschäftigte, diese Bezeichnung von Menschen Zanskars, die zweifelsohne der gleichen Gruppe angehören wie die Bevölkerung Dah-Hanus, noch als Selbstdefinition gehört. Rohit Vohra, der zweite Fachmann zu dieser Ethnie, ist der Ansicht, dass die Drok-pa der Bezeichnung Minaro heutzutage nur aufgrund ihrer (oberflächlichen) Annahme des Buddhismus gewisse Ressentiments entgegenbringen, was wiederum mit äußerem Druck von Seiten der umliegenden Volksgruppen zu tun hat sowie dem Wunsch nach Integration bei gleichzeitig fortschreitendem Identitätswandel. Jedoch berichten die Menschen Dah-Hanus selbst, dass ihre Vorfahren aus der Migrationswelle vor 800 bis 1000 Jahren gegen die Minaro, die bereits das Tal besiedelten, kämpften. Als der Friede wieder hergestellt war, heirateten ihre Urahnen die Minaro-Frauen und nahmen deren in einem animistisch-schamanistischen Weltbild begründeten Traditionen an. Dieses einzigartige und noch heute praktizierte kulturelle Erbe unterscheidet die Minaro von Dah-Hanu von allen anderen dardischen Volksgruppen und ist eine ununterbrochene Fortsetzung des kulturellen Erbes ihrer bronzezeitlichen, aus der gleichen Gegend wie sie (Gilgit in Pakistan) stammenden Vorväter, was diese Menschen in Beziehung setzt zu einer faszinierend altertümlichen Welt, die andernorts bereits lange vergangen ist.

Auf die Darden gehen wohl die vielen Steinbockritzungen im gesamten Westhimalaya und Karakorum zurück. Gegenüber unten: *Bei Khalatse am Indus-Ufer. Ihr Territorium versuchten sie mit trutzigen Burgen zu verteidigen, zum Beispiel in Chigtan. Foto gegenüber oben: B.P. Lal 1909, Courtesy: Friends of the Kern Institute, Leiden (P-039026). Wie die meisten anderen Bauwerke aus dieser Zeit liegt auch die Burg von Chigtan heute in Trümmern* (oben). *Kulturell wurden die Darden – bis auf die großteils noch animistischen Minaro von Dah-Hanu – vom Islam oder vom Buddhismus assimiliert.*

Oben: *Die Hochweiden und Gletscherseen von Nirda, dem sommerlichen Weideland der alten Minaro-Siedler, werden bis heute als rituell rein erachtet.* Unten: *Typische, traditionelle, an den Fels gebaute Minaro-Behausung ohne Fenster. Fotos: R. Vohra.*

Gegenüber: *Hoch über dem Indus, oberhalb und versteckt hinter seinen Feldern, liegt Dah, das kulturelle Zentrum und größte Dorf im Minaro-Gebiet.*

DAS LAND DER MINARO

Sogar an himalayischen Standards gemessen, ist das Tal von Dah-Hanu extrem eng, gelegen innerhalb einer steilen Schlucht, durch die sich der Indus windet. Der leichteste Zugangsweg in die Region folgte schon immer von Khalatse aus dem Lauf des Indus und führt durch das schöne ladakhische Skurbuchan mit seinem eindrucksvollen Kloster aus dem 17. Jahrhundert und seiner gegen islamische Invasoren aus Baltistan errichteten Festung aus dem 16. Jahrhundert. Das erste Minaro-Dorf entlang dieser Route ist Hanu Thang, in dem sich der ladakhische Kultureinfluss am stärksten bemerkbar macht. Von Kargil kommend, erreicht man Dah-Hanu auch über eine kleine Seitenstraße kurz hinter dem Namika-Pass, die erst kürzlich für den Verkehr freigegeben wurde. Diese Strecke umgeht den Fatu-la und führt über das alte Darden-Dorf Chigtan mit seiner imposanten Festungsruine direkt nach Bheema im Zentrum Dah-Hanus. Der dritte Zugangsweg, der von Kargil entlang des Shingo-Flusses an das Talende nach Gurgurdho (beziehungsweise weiter nach Skardu in Baltistan) führt, ist für Touristen verboten, da er direkt entlang der indo-pakistanischen Demarkationslinie verläuft. Lediglich ein paar Minaro-Dörfer und die mit ihnen verbundenen Weiler (die drei Hanu-Dörfer sowie Sanid, Beema, Lastiance, Baldes und Dah) sind derzeit besuchbar – allerdings nur mit einer Spezialgenehmigung und nicht länger als 10 Tage. Kultureller Kern und Zentrum der Aufmerksamkeit der Minaro selbst ist, neben den Dörfern Garkhun und Darchik, das größte Dorf Dah. Es liegt an der rechts vom Indus gelegenen Steilwand, circa einen Kilometer die Schlucht hinauf. Von der Straße aus ist es aufgrund seiner Lage hinter dichten Aprikosen- und Apfelhainen kaum zu sehen. Zudem ist Dah tief in eine vegetationslose Mulde im Fels gebaut, damit kein Quadratzentimeter des fruchtbaren Bodens entlang des Abhangs vergeudet wird, auf dessen terrassierten Klein- und Kleinstfeldern Gerste und Weizen angebaut wird. Hinter den Feldern liegen archaisch anmutende Steinverschläge für das Vieh. Der westliche Teil Dahs, hinter der Hauptsiedlung, wurde einst von einer Festung eingenommen, die heute nahezu vollständig verfallen ist. In ihren Ruinen jedoch sieht man immer noch die ursprünglichen Behausungen der Minaro, die in den alten Teilen des Dorfes ihre Wiederholung gefunden haben.

Das traditionelle Minaro-Dorf war ein Konglomerat von höhlenartigen Häusern mit einem gemeinsamen Dach, dem ursprünglich eine einzige Behausung zugrunde lag, an die, wann immer es nötig wurde, einfach weitere Räume angebaut wurden. Die Mauern der lediglich zwischen 1,2 und 1,5 Meter hohen, flach gedeckten Häuser bestehen aus großen, irregulär behauenen Steinen, deren Zwischenräume mit kleineren Steinen und Kieseln ausgefüllt werden. Die Familie teilt sich den einzigen, kleinen, rechteckigen Raum des Hauses, dessen gestampftes Lehmdach von einem einzigen Stamm eines Walnuss- oder Wacholderbaumes getragen wird. An diesen Raum ange-

Oben: *Drei ältere Minaro Hand in Hand auf der Brücke, die Baldes mit Bheema verbindet. Über die Jahrhunderte sind die Minaro zu einer Gemeinschaft zusammengewachsen, deren Sozialsystem von der Stärke des Klans geprägt ist. Hiermit geht eine sehr eng gefasste Klan-exogamie einher, die sich auf das eigene Dorf beschränkt. Nur in Ausnahmefällen wird ein Ehepartner aus einem anderen Dorf zugelassen. Die Betonung der Klanstärke und des Zusammenhalts äußert sich auch in der spirituellen Vorstellung von Reinheit, die unter allen Umständen erhalten werden muss.*

Gegenüber: *Von eminenter Bedeutung sind die Reinheitsvorstellungen auch in den Bononah-Festivitäten, bei denen sich der Lhabdag, das religiöse Oberhaupt, fünf Tage lang in einer Höhle mittels Verbrennen von Wacholder sowie Waschen in und Einatmen von Wacholderrauch rituell reinigt. Erst dann ist er in der Lage, den Göttern und Ahnen ein weißes Zicklein zu opfern und die Verbindung zwischen Menschen und Göttern herzustellen. Beide Fotos: R. Vohra.*

Folgende Doppelseite: *Nächtliche Szenen bei den alten Walnuss-Bäumen am Tanzplatz von Dah während des Bononah-Festes. Beide Fotos: R. Vohra.*

gliedert sind kleine Vorratsräume. Unter dem Aufenthaltsraum liegt der Stall für das Vieh. Traditionelle Minaro-Häuser besaßen keine Fenster. Der Zugang erfolgte durch eine kleine Tür, beziehungsweise im Winter, wenn Schnee diese blockierte, über eine grob beschlagene Holzleiter durch eine Öffnung im Dach.

DIE MENSCHEN DAH-HANUS

Die Minaro-Wohnungen und ihre Erweiterung entsprechen dem Gesellschaftssystem. Nur während der landwirtschaftlichen Saison werden die Hauserweiterungen von den Angehörigen der Familie bewohnt, die ansonsten alle zusammen im Ursprungshaus leben. Dieses wird weiterhin als der heimatliche Herd betrachtet und daher keine neuen, unabhängigen Hausstände gegründet, da man es als wichtig erachtet, dass der originäre Haushalt und somit der Name des Herkunftshauses weiter besteht – Aufgaben, die in jeder Generation dem ältesten Sohn zufallen. Es gibt keinen Bruch mit der Vergangenheit durch etwaige Gründungen neuer Hausstände von Mitgliedern der gleichen (Groß-)Familie. Dies wird wiederum von der gesamten Dorfgemeinschaft kontrolliert, die der Fortführung und Erhaltung starker und gesunder Hausstände einen hohen Stellenwert einräumt. Daher favorisieren die Minaro Heiraten zwischen Häusern desselben Dorfes. Mit Familien anderer Dörfer (derselben Ethnie) werden nur Ehen geschlossen, wenn ein geeigneter Partner innerhalb des Dorfes nicht gefunden werden kann. Innerhalb der etwa 2000 Minaro gibt es zwei hierarchische Klassen, zwischen denen Eheschließungen nicht möglich sind – Ruscen und Rusmet. Letztere Klasse besitzt einen niedrigeren Status. Eine Verletzung dieses Heiratstabus zieht für den Ruscen-Angehörigen ernsthafte Konsequenzen nach sich, da er von seiner Herkunftsfamilie fortan als unrein erachtet wird. Er und drei Generationen seiner Nachkommen dürfen nicht mehr das elterliche Haus betreten.

Des Weiteren ist die Minaro-Gesellschaft in Berufsstände unterteilt: Priester, Bauern und Handwerker (Schreiner und Schmiede). Manche offizielle Posten sind in gewisser Weise religiös besetzt und erblich innerhalb der Ruscen-Klasse. Auf Dorfebene sind Individuen und ihre Familien zudem in Pha-spun organisiert (neun in Dah), wie dies auch in Ladakh und Zanskar üblich ist (siehe Kapitel »Zanskar« und »Ladakh«, Seite 144 und 186). Aufgrund der Landknappheit und der strikten endogamen Heiratsgesetze war brüderliche Polyandrie stets eine typische Praxis unter den Minaro. Obwohl Besitz über die männliche Linie weitergegeben wird, haben die Frauen in der Minaro-Gesellschaft eine machtvolle Position inne.

Die auf Volksebene von den Minaro praktizierte Endogamie hat ihre Wurzeln in ihrer alles dominierenden Vorstellung von Reinheit und Verunreinigung, nach der die Minaro ihre gesamte Lebenswelt eingeteilt haben. Als rein gelten die Bergregionen und die in ihnen liegenden Gipfel (das Reich der Götter), Gletscher, Seen, Bäche und Hochweiden. Letztere gelten, da sie das Hauptaufenthaltsgebiet der Hirten im Sommer sind, als die Orte, an denen der Mensch die Götter je nach Handlung erzürnen oder erfreuen kann. Ein geringerer Grad an Reinheit kommt den Dörfern und Weilern zu. Als unrein gelten alle unterhalb liegenden Regionen nahe dem Indus, wo sich die Bestattungsplätze der Minaro befinden. Frauen gelten aufgrund der Menstruation weniger rein als Männer. Sie können erst im Alter, nach der Menopause, einen ähnlichen Grad an Reinheit erreichen (Menstruationshäuser wie bei den Kalash in Nord-Pakistan oder anderen Völkern sind jedoch unbekannt). Die Minaro lehnen Kühe und Hühner als unrein ab. Daher werden weder sie oder ihre Produkte von ihnen verzehrt, noch werden sie in der Landwirtschaft eingesetzt. Zum Pflügen und Dreschen verwendet man Dzo – eine Kreuzung von Yak und Hausrind. Ziegen jedoch gelten als rein, da diese, nach Minaro-Vorstellung, dem Steinbock ähneln, der die »Herden der Berggötter« bildet. Daher dürfen sich auch die Hirten mit ihren Ziegenherden auf den Hochweiden aufhalten. Tatsächlich erachtet man alles, was in oder aus der Bergregion kommt, als rein – seien dies Bäume, Blumen, Tiere oder Bäche. Hirten, die am Ende des Sommers von dort zu den Dörfern zurückkommen, werden als »von Reinheit durchtränkt« angesehen, und jeder, der zu den Bergen und Gletschern hinaufsteigt, erwirbt sich etwas von deren Qualitäten. Das gesamte Konzept von Reinheit und Unreinheit, dem die Minaro folgen, verbindet sie mit den alten Ariern, die auf der Grundlage dieses Konzepts einst das gesamte Hindu-indische Sozialsystem formten. Die Ablehnung der Kuh als unrein, eigentlich das heiligste Tier der Arier, spricht für eine möglicherweise noch ältere Vorstellungswelt.

Große Vorsichtsmaßnahmen müssen getroffen werden, damit die Welten der Götter und der Menschen nicht verunreinigt werden. Letzteres hat auch negative Auswirkungen auf die Götterwelt. Hirten, die nicht genügend auf ihre Herden aufpassen oder diesen erlauben, die fragilen Weiden zu beschädigen, beschwören den Zorn der Berggötter herauf. Strikte Vorschriften regeln den Bau, die Instandhaltung und die Verwendung der Bewässerungsanlagen. So darf zum Beispiel niemand die Wassergräben überqueren, da sonst die Wassergeister erzürnt würden. Unreine Menschen stören und verärgern die Gottheiten noch mehr. Der Zustand der Unreinheit entsteht vor allem in Zeiten der Menstruation oder wenn ein Todesfall vorliegt. Dann müssen alle Hausbewohner lange Tabuperioden einhalten und dürfen sich auf keinen Fall den Orten, an denen die Gottheiten wohnen, nähern. Eine rituelle Reinigung ist Pflicht, am besten durch Verbrennen und Einatmen von Wacholder oder eine rituelle Waschung mit diesem von allen Minaro als heilig erachteten Strauch. Tieropfer (Ziege) oder Speiseopfer sind noch kraftvollere Methoden, möglicherweise erzürnte Gottheiten des Haushaltes und der Elemente zu besänftigen. Die Fachleute, die beurteilen können, in welcher Weise gefehlt wurde und welches Mittel angewendet werden muss, um das Gleichge-

wicht zwischen Menschen- und Götterwelt wieder herzustellen, sind die Lhabdag (»Hüter der Götter«) und die Lhapa (Schamanen). An speziellen Schreinen und Altären (sowohl im Haus als auch draußen) wie auch direkt an besonderen Orten in der Natur (etwa Bäumen, Flüssen, Felsspalten oder Steinen) beten sie und opfern den wohl- beziehungsweise übel gesonnenen Göttern und Geistern, die von den Minaro hierarchisch in drei verschiedene, jedoch miteinander verbundene Gruppen eingeteilt werden.

Die höchsten Plätze im alten Minaro-Pantheon nehmen Lei Nakrn und Mandé ein. Ersterer ist der Herr aller Gottheiten, der zweite wird als Beschützer der Herden verehrt und um Fruchtbarkeit angerufen. Diese beiden Götter werden von den Minaro in Erinnerung an ihre Vorfahren vor allem während des Bononah-Festes verehrt, wobei Mandé auch im täglichen Leben Bedeutung zukommt. Hier dominieren jedoch Mun Gantse, die alles umfassende Göttin des Glücks, und Mun Shringmen, die Göttin der Fruchtbarkeit. Mun bedeutet übersetzt »Fee«, was die Minaro wiederum in Beziehung zu den Kalash im nördlichen Pakistan setzt, die ihre Gottheiten ebenfalls als Feen ansehen. Mit den Kinnauri haben die Minaro den Glauben an Schlangengeister gemein (siehe Kapitel »Kinnaur«, Seite 48). Es besteht eine klare Vorstellung über das Aussehen dieser Feen: Sie haben lange Haare und ihre Füße zeigen nach innen. Sie sind gefährlich, und wenn man ihnen begegnet, kann es passieren, dass sie einen nach Hause begleiten, wo sie Übel und Krankheit erzeugen. Interessanterweise ist man überzeugt, dass Mun Shringmen, die Feengottheit der Fruchtbarkeit, alle Steinböcke des Gebirges gehören, das heilige Tier der Minaro. Die Steinbockjagd war in prähistorischen Zeiten die wahre Berufung der Minaro-Männer. Diese Praxis, zu der man ursprünglich die Tiere über Klippen jagte, unter denen Fallen aufgestellt waren, was später durch die Jagd mit Pfeil und Bogen ersetzt wurde, ist mehr als 3000 Jahre alt und war mit einer großen Anzahl Restriktionen und Tabus besetzt. Mun Gantse, die höchste Feengottheit, musste von den Jägern in der Nacht vor ihrem Unternehmen um Erlaubnis gebeten werden, ein Tier erlegen zu dürfen, da man davon ausging (und geht), dass alle Feen Steinböcke als Lasttiere für ihr Gepäck benutzen. Die Jäger unterzogen sich einem Reinigungsritual, indem sie über brennende Wacholderzweige sprangen, Enthaltsamkeit übten und der Gottheit an ihrem Schrein (zum Beispiel einem großen Dolmen oberhalb Dahs) Opfergaben in Form von Steinbock-Figürchen aus Ziegenbutter und Gerstenmehl darbrachten. Falls Mun Gantse die Jäger als rein ansah, würde sie ihnen je eine Fee senden, die sich auf ihren Schultern niederließe und ihre Füße zu den Orten leiten würde, an denen die Steinböcke zu finden seien. Ein kniender Bock war tabu. Seine Haltung bedeutete, dass das Tier unter besonderem Schutz durch die Feen stand. Nach ihrer erfolgreichen Rückkehr war es üblich, Herz und Eingeweide sowie Hörner des erlegten Tieres Mun Gantse in Dankbarkeit darzubringen. Die zweite Opfergabe an die Göttin war ein Bildnis des toten Steinbocks, möglicherweise zusammen mit Jagd-

Auf kleinen Feldern züchten die Minaro drei Arten Blumen, die sie als Schmuck nutzen: Skalzang, Tung-Tung Kaliman und die rote Sholdo (auch Monthu Kho, »Hutpflanze«, genannt), eine wetterfeste Beerenart, die man im Westen als Physalis oder »Chinesischen Lampion« kennt. Letztere kann als das Minaro-Erkennungszeichen überhaupt bezeichnet werden, da sowohl Frauen wie auch Männer sie als Grundlage für die Verzierung ihres kappenähnlichen Kopfschmuckes (Kho) verwenden. Beide Fotos: S. Kolster.

Details der Minaro-Tracht

Oben: *Brustwams aus Messing- und anderen Knöpfen (Khross Kari) mit goldenem Amulettkästchen (Tuchi oder Ga'u) und darüber ein langhaariges Ziegenfell.* Unten: *Geometrische Muster der Wollfilz-Jacken (Kutaini Chaga).*

Gegenüber: *Die weiblichen Kopfputze (Muliy-Kho) sind großzügig mit Blumen und einem großen Silberornament aus Ladakh geschmückt.*

szenen, graviert in einen Fels unter einem Felsüberhang oder in einer Talsenke am Fuß eines Kliffs, das gegenüber des Berges lag, den man als den Wohnsitz der Göttin erachtete. All diese Handlungen können als symbolische Rückgaben für das Töten des Tieres verstanden werden, mit denen das Gleichgewicht zwischen Mensch, Natur und Göttern wiederhergestellt werden sollte. Kulturell hat diese von Bescheidenheit und Demut geprägte Geisteshaltung der Nachwelt faszinierende Zeugnisse in Form von Tausenden kunstvoll ausgeführter Felsritzungen, verteilt im gesamten Himalaya, beschert, von denen einige bis aufs Neolithikum zurückreichen, manche aber auch noch sehr jung sind. Die weitverbreitete Existenz dieser Felszeichnungen spricht für die vormals weite Verbreitung der Minaro. Diese Annahme wird gestützt durch die immer noch vorhandene »Religion der Menschen« in den gegenwärtigen Praktiken und Ritualen der Völker Tibets und des Himalaya, in der ein vom tibetischen Buddhismus (der »Religion der Götter«) vollkommen verschiedener Pantheon an Gottheiten verehrt wird. Möglicherweise können diese Traditionen auf die Minaro zurückgeführt werden.

Der Jahreszyklus der Minaro ist geprägt von einer Vielzahl hochinteressanter Feste, die altertümliche, mit der mediterranen Welt in Verbindung stehende Traditionen aufzeigen. Einzigartig für ihre indigene Kultur ist jedoch Bononah, das »Große Erntefest«. In diesem wird, wie bereits angedeutet, eine nicht buddhistische Götterwelt verehrt, die auf die ursprünglichen Minaro-Siedler von Dah-Hanu zurückgeht. Die Fortführung dieser Verehrung in Dah, dem einzigen Ort in der Welt, wo dieses Fest noch gefeiert wird, dient der Aufrechterhaltung der Verbindung zwischen der jetzigen Bevölkerung und ihren Ahnen. Im Bononah-Fest, veranstaltet alle drei Jahre nach der zweiten Ernte und dem Dreschen des Korns, führen die Menschen mittels ihrer religiösen Führer, dem Lhabdag, dem Lhapa und besonders dem Brongo-pa, ihre Herkunft auf die Minaro zurück. Die kontinuierlich von Generation zu Generation mündlich weitergegebenen Hymnen, in denen die Götter eingeladen werden, am Fest teilzunehmen und gleichzeitig die Minaro sich die Geschichten ihrer Wanderung vom nördlichen Pakistan zu ihrem gegenwärtigen Siedlungsgebiet in Erinnerung rufen, werden gesungen, und man tanzt zu Ehren der Gottheiten. Ursprünglich wurde Bononah auf den Hochweiden von Nirda zelebriert, einem großen Areal, das entlang des Dah-Flusses bis zu seinen Quellen reicht, dem sommerlichen Weideland der alten Minaro-Siedler. Dort steht ein großer, heute mit Gebetsfahnen geschmückter Wacholderbaum, den die Menschen als Schrein mit Namen Chilligri Deuha verehren. Daneben stand der große Steinthron (Phon Khatu) des Minaro-Königs. Weiter oberhalb liegt ein Ort namens Mal-Mal Khatu, an dem die Minaro tanzten. Heute findet das Fest innerhalb des Dorfes statt. Jedoch fällt Bononah immer noch mit der Rückkehr der Hirten von den sommerlichen Hochweiden zusammen, dem Reich der Götter. Von dort bringen sie stark und süß duftende Blumen mit, die man als Symbole der Reinheit betrachtet (ganz ähnlich dem Phulaich-Fest der Kinnaur – siehe Kapitel »Kinnaur«, Seite 45). Zentraler Festplatz ist

Tsering Gang Diypa, das Oberhaupt von Bheema, trägt den mit Hunderten von Nähnadeln geschmückten Buys-Kho – wie auch die männlichen Kinder seines Dorfes.

Gegenüber: *Einer der Jungen greift während einer Tanzvorführung selber zu den Trommelstöcken und versucht, sich die komplexen, stolpernden Rhythmen seines Volkes anzueignen. Er wird dadurch Teil der Weiterführung des uralten Kulturerbes seines Volkes, der Minaro.*

der Changra, der um einen großen Walnussbaum herum angelegte Tanzplatz in der Nähe des neuen buddhistischen Klosters. Hier werden in Vorbereitung auf das große Ereignis große Mengen Wacholderholz gestapelt.

Ist das Festdatum, das ursprünglich nach dem Mondkalender berechnet wurde, festgelegt, unterzieht sich der Lhabdag fünf Tage lang vor Festbeginn, ganz in Weiß gekleidet, Zeremonien, die seiner und der Reinheit der gesamten Dorfgemeinschaft dienen sollen. Tagsüber hält er sich in einer Höhle nahe dem Chilligri Deuha auf. Er wäscht sich und die Ritualgegenstände, die er während der Zeremonien benutzen wird, im Dah-Fluss, hält eine strenge Diät ein, die unter anderem vorsieht, zu allen Zeiten Wacholderblätter im Mund zu haben, meditiert und betet zu den Gottheiten. Fortlaufend verbrennt er Wacholder, womit im Dorf eine Atmosphäre der Reinheit hergestellt und die Götter zur Teilnahme an den Festivitäten bewegt werden sollen. Am Morgen des fünften Tages opfert der Lhabdag ein weißes Zicklein am Schrein und röstet dessen Innereien auf dem Wacholderfeuer, während sein Gehilfe einundzwanzig als Opfergaben verwendete Fladenbrote backt. Über diesen lässt der Lhabdag das Fleisch an die Frauen des Dorfes, die sich zwischenzeitlich in der Nähe des Schreins eingefunden haben, verteilen. Das gemeinsame Mahl (auch die Gottheit hat ein Stück des Fleisches als Opfergabe erhalten) dient dem Segen der Frauen und soll eine Einheit zwischen ihnen und der Gottheit herstellen. Am Abend des fünften Tages lädt der Gehilfe nun im Namen der Dorfgemeinschaft den Lhabdag ein, seine Eremitage zu verlassen und mit ihm die Gottheiten herab ins Dorf zum Tanzplatz zu bringen. Dies geschieht durch Singen einer der alten Hymnen. Ist der Lhabdag zufrieden mit dem Vortrag, läuft er hinab zum Changra und entzündet das Wacholder-Freudenfeuer. Nun übernehmen die Brongo-pa die Führung im Singen der Hymnen an die Vorfahren und Götter, zu denen die Dorfbewohner tanzen.

Die in den Hymnen besungenen Themen sind vielfältig: Einladung an die Gottheiten, am Fest teilzunehmen, Rätselwettbewerbe, Glücksspiele, Wettläufe, Migrationsrouten, Vergleiche zwischen den Kräften und Fähigkeiten von Mann und Frau, Ehrung von und Einheit mit den Ahnen, Beschreibungen des täglichen Lebens der Jäger und Hirten. Am fünften Tag des Bononah singen die drei religiösen Führer und ihr Gefolge die Hymne, in der die Gottheiten gebeten werden, in ihre eigenen Gefilde zurückzukehren: Zwei junge Brongo-pa bilden mit ihren Armen einen Torbogen, durch den der Lhabdag und nach ihm ihrem Status gemäß alle Dorfbewohner in einem spiralförmigen Tanz hindurchgehen. Der Tanz endet außerhalb des Changra an einem Stein, der als Schnittstelle zwischen der Welt der Menschen und der Götter angesehen wird. Wenn der Lhabdag nun seinen Fuß auf diesen Stein setzt, haben die Gottheiten die Welt der Menschen wieder verlassen.

LITERATUR

Ahmed, M.: Living Fabric. Weaving Among the Nomads of Ladakh Himalaya. Trumbull/Bangkok 2002.

Ahmed, M. & Harris, C.: Ladakh. Culture at the Crossroads. Mumbai 2005.

Anand, M.R.: Splendours of Himachal Heritage. Neu-Delhi 1997.

Aschoff, J.C. & Didier, H.: Tsaparang. Königsstadt in Westtibet. Eching 1989.

Bajpai, S.C.: Kinnaur. A Restricted Land in the Himalayas. Neu-Delhi 1991.

Bajpai, S.C.: Lahaul-Spiti. A Forbidden Land in the Himalayas. Neu-Delhi 1987.

Beercroft, J. (Hrsg.): Kipling. A Selection of His Stories and Poems. New York 1956.

Bernier, R.M.: Himalayan Towers. Temples and Palaces of Himachal Pradesh. Neu-Delhi 1989.

Bhasin, V.: Social Change, Religion and Medicine among Brokpas of Ladakh. In: *Studies on Ethno-Medicine*, 2 (2), S. 77–102. Delhi 2008.

Bhattacharji, R.D.: Back to Rupshu. In: Kapadia, H. (Hrsg.): *The Himalayan Journal*, 50 (1992–1993), S. 125–143. Neu-Delhi/London/New York 1994.

Biebuyck, D.P. & Abbeele, N. van den: The Power of Headdress. A Cross-Cultural Study of Form and Functions. Brüssel 1984.

Binczik, A. & Fischer, R.: Verborgene Schätze aus Ladakh. Hidden Treasures from Ladakh. München 2002.

Brauen, M.: Feste in Ladakh. Graz 1980.

Brauen, M.: Heinrich Harrers Impressionen aus Tibet. Gerettete Schätze. Innsbruck/Frankfurt 1974.

Chandra, Y.: A Form of Tara Peculiar to Alchi. In: *Orientations*, 38 (4), S. 72–77. Hongkong 2007.

Charton, F.: Da Hanu. Danse avec les Esprits. In: *Grands Reportages*, 311 (12), S. 16–29, 98–99. Paris 2007.

Clarke, M.: From Simla through Ladac and Cashmere. Kalkutta 1862.

Copeland, C.: Tankas from the Koelz Collection. Ann Arbor 1980.

Cunningham, A.: Ladák, Physical, Statistical, and Historical. With Notes of the Surrounding Countries. London 1854.

Decter, J.: Nicholas Roerich. Leben und Werk eines russichen Meisters. Basel 1989.

Dollfus, P.: The Great Sons of Thang stong rgyal po. The Bu chen of the Pin valley, Spiti. In: *The Tibet Journal*, 29 (1), S. 9–32. Dharamsala 2004.

Dubey, M. & Sinclair, T. (Hrsg.): APA Guide Western Himalaya. Hongkong 1992.

Egerton, P.H.: Journal of a Tour through Spiti, to the Frontier of Chinese Thibet, with Photographic Illustrations. London 1864.

Essen, G.W. & Thingo, T.T.: Die Götter des Himalaya. Buddhistische Kunst Tibets. Die Sammlung Gerd-Wolfgang Essen. 2 Bände. München 1989.

Fisher, M.F., Rose, L.E. & Huttenback, R.A.: Himalayan Battleground. Sino-Indian Rivalry in Ladakh. New York 1963.

Filippi, F. de: The Italian Expedition to the Himalaya, Karakoram and Eastern Turkestan (1913–14). London 1932.

Fisher, R.E.: Art from the Himalayas. In: *Orientations*, 19 (7), S. 72–83. Hongkong 1988.

Föllmi, O.: Where Heaven and Mountains Meet. Zanskar and the Himalayas. London 1999.

Föllmi, O.: Zanskar. A Himalayan Kingdom. London 1989.

Fox, E.: Der Mann, der zum Himmel ging. Ein Ungar in Tibet. Berlin 2007.

Först, H.: Verbotene Königreiche im Himalaya. Guge, Spiti, Mustang. Graz 1994.

Francke, A.H.: Antiquities of Indian Tibet. 2 Bände. Kalkutta 1914/1926.

Francke, A.H.: A History of Western Tibet, One of the Unknown Empires. London 1907.

Fraser, J.B.: Journal of a Tour through Part of the Snowy Range of the Himala Mountains, and to the Sources of the Rivers Jumna and Ganges. London 1820.

Genoud, C. & Inoue, T.: Peinture Bouddhique du Ladakh. Genf 1981

Goepper, R.: Murals in the Early Temples of Alchi. In: Pal, P. (Hrsg.): On the Path to Void. Buddhist Art of the Tibetan Realm, S. 226–243. Mumbai 1996.

Goepper, R.: The »Great Stupa« at Alchi. In: *Artibus Asiae*, 53, Nr. 1/2, S. 111–143, Ascona 1993.

Goepper, R., Lutterbeck-Poncar, B. & Poncar, J.: Alchi. Buddhas, Goddesses, Mandalas. Murals in a Monastery of the Western Himalayas. Köln 1984.

Goepper, R. & Poncar, J.: Alchi. Ladakh's Hidden Buddhist Sanctuary. The Sumtsek. London 1996.

Goyal, S.: Explore Spiti, the Forbidden Land. Rohtak 1993.

Ham, P. van: Auf Buddhas Pfaden. 2000 km durch den Westhimalaya. München 1994.

Ham, P. van & Stirn, A.: Buddhas Bergwüste. Tibets geheimes Erbe im Himalaya. Graz 1999.

Ham, P. van & Stirn, A.: Vergessene Götter Tibets. Wiederentdeckung buddistischer Klosterkunst im Westhimalaya. Stuttgart 1997.

Handa, O.C.: Textiles, Costumes and Ornaments of the Western Himalaya. Neu-Delhi 1998.

Handa, O.C.: Tabo Monastery and Buddhism in the Trans-Himalaya. Thousand Years of Existence of the Tabo Chos-Khor. Neu-Delhi 1994.

Handa, O.C.: Buddhist Monasteries of Himachal Pradesh. Neu-Delhi 1987.

Harrer, H.: Rinpotsche von Ladakh. Innsbruck/Frankfurt 1981.

Harrer, H.: Ladakh. Gods and Mortals Behind the Himalayas. Innsbruck/Neu-Delhi 1980.

Harrer, H.: Sieben Jahre in Tibet. Mein Leben am Hofe des Dalai Lama. Wien 1952.

Heller, A.: Indian Style, Kashmiri Style. Aesthetics of Choice in Eleventh Century Tibet. In: *Orientations*, 32 (10), S. 18–23. Hongkong 2001.

Heller, A.: Tibetan Art. Tracing the Development of Spiritual Ideas and Art in Tibet 600–2000 AD. Mailand 1999.

Henss, M.: Tibet. Monasteries Open Their Treasure Rooms – the Exhibition and its Book. A Review. In: *Asian Art*, 25. Dezember 2007. Einzusehen unter ‹http://www.asianart.com/articles/henss/index.html›. (14. Januar 2009)

Henss, M.: Wall Paintings in Western Tibet. The Art of the Ancient Kingdom of Guge, 1000–1500. In: Pal, P. (Hrsg.): On the Path to Void. Buddhist Art of the Tibetan Realm, S. 196–225. Mumbai 1996.

Hirschberg, H.: Ladakh. Mit Zanskar. Zürich/München 1987.

Holmes, P.: Mountains and a Monastery. London 1958.

Hügel, K. Freiherr v.: Kaschmir und das Reich der Siek. 5 Teile in 4 Bänden. Stuttgart 1840–1848.

Icke-Schwalbe, L. & Meier, G. (Hrsg.): Wissenschaftsgeschichte und Gegenwärtige Forschungen in Nordwest-Indien. Dresden 1990.

Jina, P.S.: Tourism in Ladakh Himalaya. Neu-Delhi 1994.

Keay, J.: When Men and Mountains Meet. The Explorers of the Western Himalayas. London 1977.

Kerin, M.P.: Faded Remains. Little-known 12th Century Wall Paintings in Ladakh's Markha Valley. In: *Orientations*, 38 (4), S. 54–59. Hongkong 2007.

Khosla, G.D.: Himalayan Circuit. London 1956.

Khosla, R.: Buddhist Monasteries in the Western Himalayas. Kathmandu 1979.

Klimburg-Salter, D.E.: Tabo. A Lamp for the Kingdom. Early Indo-Tibetan Buddhist Art in the Western Himalaya. Mailand, Genf 1998.

Klimburg-Salter, D.E.: A Decorated Prajnaparamita Manuscript from Poo. In: *Orientations*, 25 (6), S. 54–60. Hongkong 1994.

Klimburg-Salter, D.E.: Tucci Himalayan Archives Report 2. The 1991 Expedition to Himachal Pradesh. In: *East and West*, 44 (1), S. 13–82. Rom 1994.

Klimburg-Salter, D.E.: The Silk Route and the Diamond Path. Esoteric Buddhist Art on the Trans-Himalayan Trade Routes. Los Angeles 1982.

Kozicz, G.: Documenting the Last Surviving Murals of Nyarma. In: *Orientations*, 38 (4), S. 60–64. Hongkong 2007.
Körös, A.C. de: A Grammar of the Tibetan Language. Kalkutta 1834.
Körös, A.C. de: Essay Towards a Dictionary, Tibetan and English. Kalkutta 1834.
Kopp, H.: Sechsmal über den Himalaya. Fluchterlebnisse eines Deutschen in Indien und Tibet. Freiburg i.Br. 1955.
Kossak, S.M. & Singer, J.C.: Sacred Visions. Early Paintings from Central Tibet. New York 1998.
Kröger, R.: Bilder aus der Herrnhuter Mission. Fotografien des 19. Jahrhunderts aus den Sammlungen des Unitätsarchivs. Herrnhut 2008.
Kutzner, J.G. (Hrsg.): Die Reise Seiner Königlichen Hoheit des Prinzen Waldemar von Preußen nach Indien in den Jahren 1844 bis 1846. Berlin 1857.
Lathuillière, M. & Crampes, G.: Zanskar. Le Grand Marriage. In: *Grands Reportages*, 311 (12), S. 68–79. Paris 2007.
Lethbridge, J.S.: Spiti and Rupshu. In: *Canadian Geographical Journal*, 8 (2), S. 73–87. Montreal 1934.
Linrothe, R.: A Winter in the Field. In: *Orientations*, 38 (4), S. 40–53. Hongkong 2007.
Linrothe, R.: Strengthening the Roots. An Indian Yogi in Early Drigung Paintings of Ladakh and Zanskar. In: *Orientations*, 38 (4), S. 65–71. Hongkong 2007.
Linrothe, R. & Kerin, M.: Deconsecration and Discovery. The Art of Karsha's Kadampa Chorten Revealed. In: *Orientations*, 32 (10), S. 52–63. Hongkong 2007.
Lo Bue, E.F.: Tibetische Malerei. In: Lee-Kalisch, J.H. (Hrsg.): Tibet. Klöster öffnen ihre Schatzkammern, S. 90–95. München 2006.
Luczanits, C.: Mandala. Form, Funktion und Bedeutung. In: Lee-Kalisch, J.H. (Hrsg.): Tibet. Klöster öffnen ihre Schatzkammern. München 2006.
Luczanits, C.: Buddhist Sculpture in Clay. Early Western Himalayan Art, Late 10th to Early 13th century. Chicago 2004.
Luczanits, C.: The 12th Century Buddhist Monuments of Nako. In: *Orientations*, 34 (5), S. 46–53. Hongkong 2003.
Luczanits, C.: Early Buddhist Wood Carvings from Himachal Pradesh. In: *Orientations*, 27 (6), S. 67–75. Hongkong 1996.
Mattausch, J.: Ladakh und Zanskar. 5. Auflage, Bielefeld 2005.
Moorcroft, W.: Travels in the Himalayan Provinces of Hindustan and the Panjab; in Ladakh and Kashmir; in Peshawar, Kabul, Kunduz and Bokhara, from 1819 to 1825 by William Moorcroft and George Trebeck. Prepared for the Press from Original Journals and Correspondence by Horace Hayman Wilson. 2 Bände. London 1841.
Müller, C.C. & Raunig, W. (Hrsg.): Der Weg zum Dach der Welt. Innsbruck 1982.
Nagar, S.L.: The Temples of Himachal Pradesh. Neu-Delhi 1990.
Namgyal, D.: Tourism Threatens the Rare Birds at Tsomo-Riri. In: *Ladags Melong*, 1 (4), S. 39–40. Leh 1996.
Namgyal, P.: Ntho-ling Monastery. Peking 2001.
Neumann, H.F.: Wall Paintings of Western Tibet. A Stylistic Analysis. In: *Orientations*, 30 (8), S. 74–83. Hongkong 1999.
Nippa, A. (Hrsg.): Ethnographie und Herrnhuter Mission. Völkerkundemuseum Herrnhut. Dresden 2003.
Ohri, V.C.: Arts of Himachal. Shimla 1974.
Pal, P.: Himalayas. An Aesthetic Adventure. Chicago 2003.
Pal, P. & Fournier, L.: Merveille de l'Art Bouddhique. Alchi – Ladakh. Vaduz 1983.
Peissel, M.: Tibet. The Secret Continent. London 2002.
Peissel, M.: Königreiche im Himalaya. Die Welt der Tibetischen Kultur. Wörgl 1985.
Peissel, M.: The Ants' Gold. The Discovery of the Greek El Dorado in the Himalayas. London 1984.
Peissel, M.: Zanskar. The Hidden Kingdom. London 1979.
Peissel, M.: Mustang. A Lost Tibetan Kingdom. London 1968.
Poncar, M. & Schmeisser, J.: Ladakh. Land der Pässe – Land of Passes. Köln 1986.
Pohlmann, U. & Siegert, D. (Hrsg.): Samuel Bourne. Sieben Jahre Indien. Photographien und Reiseberichte 1863–1870. München 2001.
Pritzker, T.J.: The Wall Paintings of Nyag Lhakang Kharpo. In: *Orientations*, 39 (2), S. 102–112. Hongkong 2008.
Pritzker, T.J.: Notes on the Evolution of Tabo's Monastic Complex. In: *Orientations*, 23 (6), S. 81–86. Hongkong 1992.
Pritzker, T.J.: The Wall Paintings of Tabo. In: *Orientations*, 20 (2), S. 38–47. Hongkong 1989.
Roerich, G.: Trails to Inmost Asia. Five Years of exploration with the Roerich Central Asian Expedition. New Haven 1931.
Sanan, D. & Swadi, D.: Exploring Kinnaur and Spiti in the Trans-Himalaya. Neu-Delhi 1998.
Schlagintweit, H. v.: Reisen in Indien und Hochasien. Eine Darstellung der Landschaft, der Cultur und Sitten der Bewohner, in Verbindung mit klimatischen und geologischen Verhältnissen; basirt auf die Resultate der wissenschaftlichen Mission von Hermann, Adolph und Robert von Schlagintweit ausgeführt in den Jahren 1854–1858. 4 Bände. Jena 1869–1880.
Schroeder-Imhof, H. von: Schritte zur Erkenntnis. Neuzugänge der Tibet-Sammlung der Berti Aschmann-Stiftung im Museum Rietberg Zürich. Zürich 2006.
Shuttleworth, H.L.: Lha-lun Temple, Spyi-ti. In: *Memoirs of the Archaeological Survey of India*, 39. Kalkutta 1929.
Shuttleworth, H.L.: Border countries of the Punjab Himalaya. In: *Journal of the Royal Geographical Society*, 60 (4), S. 241–268. London 1922.
Singh, M.: Himalayan Art. Wall-Painting and Sculpture in Ladakh, Lahaul and Spiti, the Siwalik Ranges, Nepal, Sikkim and Bhutan. New York 1968.
Singh, M.G.: Art and Architecture of Himachal Pradesh. Delhi 1984.
Snellgrove, D.L.: Buddhist Himalaya. Travels and Studies in Quest of the Origins and Nature of Tibetan Buddhism. London 1957.
Snellgrove, D.L. & Skorupski, T.: The Cultural Heritage of Ladakh. 2 Bände. Neu-Delhi 1977, Warminster 1980.
Strachey, H.: Physical Geography of Western Tibet. London 1853.
Taylor, M.: Mythos Tibet. Entdeckungsreisen von Marco Polo bis Alexandra David-Néel. Braunschweig 1988.
Thakur, L.S.: Buddhism in the Western Himalaya. A Study of the Tabo Monastery. Neu-Delhi 2001.
Theuns de Boer, G.: A Vision of Splendour. Indian Heritage in the Photographs of Jean Philippe Vogel, 1901–1913. Ahmedabad 2008.
Thomson, T.: Western Himalayas and Tibet. A Narrative of a Journey through the Mountains of Northern India During the Years 1847–48. London 1852.
Tobdan: History and Religions of Lahul. From the Earliest to circa AD 1950. Neu-Delhi 1984.
Tshangspa, T.L.: Petroglyphs of Ladakh. The Withering Monuments. Einzusehen unter: ‹http://www.tibetheritagefund.org/media/download/petroglyphs.pdf›. (15. Januar 2009).
Tucci, G.: Indo Tibetica, Bd. 2. Rin-chen-bzan-po and the Renaissance of Buddhism in Tibet around the Millenium. Neu-Delhi 1988.
Tucci, G.: Indo Tibetica, Bd. 3.1. The Temples of Western Tibet and their Artistic Symbolism. The Monasteries of Spiti and Kunavar. Neu-Delhi 1988.
Tucci, G. & Ghersi, E.: Secrets of Tibet. Being the Chronicle of the Tucci Scientific Expedition to Western Tibet (1933). Neu-Delhi 1996.
Uhlig, H.: On the Path to Enlightenment. The Berti Aschmann Foundation of Tibetan Art at the Museum Rietberg Zürich. Zürich 1995.
Untracht, O.: Traditional Jewellery of India. London 1997.
Varma, R. & S.: Himalaya, Kailash, Manasarovar. Aufstieg zum Göttlichen. Genf 1986.
Vigne, G.T.: Travels in Kashmir, Ladak, Iskardo, the Countries Adjoining the Mountain-course of the Indus, and the Himalaya, North of the Punjab. 2 Bände. London 1842.
Vogel, J.P.: Antiquities of Chamba State, Part I: Inscriptions of the Pre-Muhammadan Period. Kalkutta 1911.

Vohra, R.: A Journey to Zanskar in Ladakh to Sum-mDha Chung and Sum-mDha C'en to the Murti of Shid-Kyi bdag-po. Grosbous 2005.

Vohra, R.: Rock Art in Ladakh. Grosbous 2005.

Vohra, R.: Petroglyphs in Purig Area of Ladakh. Grosbous 2005.

Vohra, R.: Tamgas and Inscriptions from Tangtse in Ladakh. In: Eimer, H., Hahn, M., Schetelich, M. & Wyzlic, P. (Hrsg.): *Indica et Tibetica*, 34: Studia Tibetica et Mongolica (Festschrift Manfred Taube), S. 279–303. Swisttal-Oderndorf 1999.

Vohra, R.: Antiquities on the Southern Arteries of the Silk Route. Ethnic Movements and New Discoveries. In: Ramble, C. & Brauen, M. (Hrsg.): Proceedings of the International Seminar on Anthropology of Tibet and the Himalayas, S. 386–405. Zürich 1993.

Vohra, R.: Mythic Lore and Historical Documents from Nubra Valley in Ladakh. In: *Acta Orient. Hung*, XLIV (1–2), S. 225–239. Budapest 1990.

Vohra, R.: The Religion of the Dards in Ladakh. Investigations into their Pre-Buddhist ´Brog-pa Traditions. Ettelbruck 1989.

Vohra, R.: An Ethnography. The Buddhist Dards of Ladakh. Mythic Lore, Household, Alliance System, Kinship. Ettelbruck 1989.

Vohra, R.: Historical Documents from the Nubra Valley. Part 1: Facsimile Edition of Stone Inscriptions and of the History of the bDe-skyid-Monastery. In: *Archiv für Zentralasiatische Geschichtsforschung*, 7, S. 7–40. St. Augustin 1985.

Vohra, R.: History of the Dards and the Concept of Minaro Traditions among the Buddhist Dards in Ladakh. In: Kantowsky, D. & Sander, R. (Hrsg.): Recent Research on Ladakh. History, Culture, Sociology, Ecology. Proceedings of a Conference Held at the Universität Konstanz 1981, S. 51–80. München 1983.

Weihreter, H.: Westhimalaya. Am Rand der bewohnbaren Welt. Graz 2001.

Weihreter, H.: Schmuck aus dem Himalaya. Graz 1988.

Seite 1:
Bildnis des historischen Buddhas Shakyamuni aus dem 11. Jahrhundert in der Apsis des Tsug Lhakang von Tabo in Spiti.

Seite 2 und 3:
Anlässlich der Aufführung des Rituals des Steinebrechens beweist der Hauptakteur der Buchen-Lamas seine spirituelle Stärke gegenüber einem Dämon, indem er einen Tanz aufführt, bei dem er sich mit den Achselhöhlen und dem Bauch auf scharfe Säbelklingen schwingt.
Foto Seite 3: G.D. Khosla 1956

Seite 4/5:
Am wetterumtosten Khardung-Pass (5364 Meter) haben sich schwere Regenwolken gefangen. Von Nubra über die Passhöhe ins Indus-Tal von Ladakh blickend, erscheint es, als kehre man vom Himmel zurück auf die Erde ...

Seite 6/7:
Karten: © Alfonso van Hoof, Colombo/Sri Lanka

Seite 236:
Wie in vielen anderen Gegenden der Welt, wo animistisch geprägte Bevölkerungen mit einer gewissen Demut versuchen, das Gleichgewicht zwischen allem Existierenden beizubehalten, gibt es auch im Tal von Dah-Hanu kaum Umweltschäden. Dies zeigt sich unter anderem auch in den sauberen Gletscherflüssen wie diesem Indus-Zufluss bei Hanu Thang, in denen klares Trinkwasser zu Tal strömt.

Umschlag:
Panorama: S. 66/67. Vorne (v. l. n. r.): S. 137; S. 179; S. 132; S. 141. Rückseite (v. l. n. r.): S. 31, Foto: Babu Pindi Lal 1909, Courtesy: Friends of the Kern Institute, Leiden (P-038938); S. 24; S. 174, Foto: Babu Pindi Lal 1909, Courtesy: Friends of the Kern Institute, Leiden (P-038947); S. 207, Foto: M. Henss.

Vorsatz/Nachsatz wurden gestaltet unter Verwendung der Motive von S. 16 und S. 207, Foto: M. Henss.

Lizenzausgabe für die Schweiz:
Verlag Neue Zürcher Zeitung, Zürich 2009

Die Deutsche Nationalbibliothek verzeichnet diese Publikation in der Deutschen Nationalbibliografie; detaillierte bibliografische Daten sind im Internet über ‹http://dnb.d-nb.de› abrufbar.

Lektorat: Gunnar Musan
Produktion: Katja Durchholz
Lithografie: Reproline Genceller, München
Satzschriften: Bembo und Bernhard Modern
Papier: LuxoArtSilk, 150 g/qm
Druck und Bindung: Appl aprinta, Wemding

Printed in Germany

ISBN 978-3-03823-550-7

www.petervanham.com
www.nzz-libro.ch
NZZ Libro ist ein Imprint der
Neuen Zürcher Zeitung

Zur in diesem Buch verwendeten Art der Transkription von Begriffen aus dem Tibetischen und dem Sanskrit: Es wurde ein Mittelweg aus Lautschrift und deutscher Aussprache gewählt; das heißt, zugunsten einer besseren Lesbarkeit wurde auf diakritische und stumm zu lesende Zeichen verzichtet. Eine zu starke Eindeutschung sollte jedoch vermieden werden. So stehen in den fremdsprachlichen Wörtern das häufig verwendete »sh« für »sch«, »ch« für »tsch«, »j« für »dsch«, »z« für »ds«. Der Fluss Sutlej wird »Satledsch« ausgesprochen, Kinnaur spricht man »Kinnorr«, Lahaul liest sich »La-ul«.

Peter van Ham, Autor, Fotograf und Ausstellungskurator, ist Fellow der Royal Asiatic und Geographical Societies, London, und des Explorers Club, New York. Er bereist den in diesem Buch vogestellten Kulturraum seit mehr als zwanzig Jahren und hat hierzu, wie zum Nordosten Indiens, bislang sieben wegweisende Publikationen vorgelegt, die von Fachkreisen, der UNESCO und dem Dalai Lama persönlich unterstützt und gefördert wurden.